Halten Sie
Ihr Huhn fest!

KATHARINA
VON DER LEYEN

Halten Sie Ihr Huhn fest!

HUNDELEBEN AUF DEM LAND

KOSMOS

1

Schwer zu sagen, wann ich auf die Idee kam, aufs Land zu ziehen. Ich war ein überzeugter Stadthundehalter, und plötzlich begann ich, vom Leben auf dem Land zu träumen. Zuerst so, wie man sich vorstellen mag, einmal im Segelboot nach Tahiti zu reisen. Ich hatte nicht vor, mir Hühner anzuschaffen und morgens die Eier einzusammeln (abgesehen davon, dass meine schwarze Großpudelin Luise die Hühner im Nullkommanix erjagt hätte), ich wollte nie Tomaten züchten, Radieschen ernten, Naturkosmetik verwenden und einen Komposthaufen anlegen. Ich vertrage Dr. Hauschka und Radieschen nicht, und wenn ich etwas kompostiere, dann nur aus Versehen in meinem Kühlschrank.

An meinen Hunden lag es nicht. Sie schätzten das Leben in der Stadt durchaus, wo kein Spaziergang dem anderen gleicht; sie mochten den beiläufigen sozialen Austausch mit anderen Hunden, freuten sich über Grillabfälle im Park und genossen es, im Café von Fremden umworben zu werden. Gerade Spaziergänge in der Stadt gehen für Hunde weit über das hinaus, was wir Menschen an der frischen Luft erfahren: Was für uns ein wenig Bewegung an Hauswänden entlang ist, wobei man sich den Wind durchs Haar streichen lässt, ist für den Hund Meter für Meter ein kreatives Ventil, ein Abenteuer für die Seele; es bringt ihn in Kontakt mit seinen Instinkten, also seinen Vorfahren. Wir Menschen können die wahren Dimensionen eines Hundespaziergangs nicht einmal erahnen: Der Hund hat die unglaubliche Chance, an eine Hausecke zu pinkeln, an die Hunde seit einem halben Jahrhundert gepinkelt haben (das muss für Hunde ungefähr so sein, als würden wir jeden Tag im Louvre oder in der Pinakothek spazieren gehen). Kein Hund muss so viel aufs Klo, wie es innerhalb eines Spazierganges den Eindruck macht. Hunde improvisieren. Sie wollen die Gesamtzahl ihrer Rivalen übertrumpfen. Jeder Grashalm ist eine Art Gästebuch, das von jedem Hund der gesamten Nachbarschaft unterschrieben wurde. Jeder Fußabdruck hat eine Bedeutung, jedes Loch, das irgendwo hinführt, oder irgendwann mal irgendwohin geführt hat und jedes kleine Tier – am liebsten ein totes Tier, ölig, gelatineartig oder auch jede Art unidentifizierbarer Glibber, der im Dreck altern durfte und einen unwiderstehlichen Geschmack entwickelt hat. Es gibt viel mehr Essbares, als Menschen sich je erträumen können.

Die Hunde, die damals mein Leben teilten, waren Luise und Ida, eine schwarze und eine braune Großpudelhündin, und Harry und Fritz, zwei Italienische Windspiele vom amerikanischen Typ und damit etwas größer und bunter als ihre europäischen Vettern. Die schwarze Luise war der Anführer der Truppe, der ruhende Pol und personifizierter Beweis dafür, dass echte Anführer mit Ruhe und Souveränität regieren, nicht mit gefletschten Zähnen und Sanktionen. Sie verströmte so viel Adel, dass die meisten Menschen, die sie kennen lernten, kurz geneigt waren, den Hund zu siezen und ihm magische Fähigkeiten zusprachen. Ich dagegen fand häufig, sie sei eher so etwas wie eine Hexe, hochgradig manipulativ und von einem Selbstbewusstsein, das man sonst nur von schönen Frauen kennt, die obendrein auch noch sehr reich sind. Luise war eine Diva mit großem Charme und ausgeprägtem Sinn fürs Wesentliche, die Kinder liebte, ein hervorragender Therapie-Hund war und einen auserlesenen Sinn für Humor besaß. Ida dagegen war wie die kleine freche Schwester von Luise; eine braune, gutgelaunte Hupfdohle und so weit entfernt vom Divatum wie Cindy Crawford von Oleg Popow, dem Clown. Sie war unglaublich vergnügt, besaß im Gegensatz zu Luise nicht den geringsten Jagdtrieb und liebte die ganze Welt. Mein Windspiel Harry trug seinen Namen wegen des Hitchcock-Films „The Trouble with Harry“. Er kam zu mir mit einer massiven Angststörung, die nicht auf irgendwelche Erlebnisse zurückzuführen, sondern leider Teil seiner Persönlichkeit war. Kein Hund kostete mich so viele Nerven wie dieser zarte, empfindliche Sechs-Kilo-Hund, der für unendlich viel Streit mit fremden Menschen sorgte, die sich von seinem hysterischen Gekläffe – einer schrillen Mischung aus „Kikeriki“ und „Tatütataa“ – provoziert und angegriffen fühlten, der aufgrund seiner Angst-Pieselei so viel Küchenrolle verbrauchte, dass wir wahrscheinlich mehrere Hektar Wald auf dem Gewissen haben, und der alle Jahre wieder in genau dem Moment, in dem das Thermometer unter 15 Grad (plus) fiel, begann, dramatisch mit den Zähnen zu klappern und sich mit leidend geschlossenen Augen auf den jeweiligen Weg setzte, ein Bild zum Erbarmen. Gleichzeitig hat Harry mir natürlich unendlich viel beigebracht, obwohl ich immer dachte, ich wisse schon längst alles über Hunde. Ich kenne mich seinetwegen heute hervorragend mit Angst- und Stresssymptomen aus, weiß, welche Hilfestellungen man geben kann und welche Massagetechniken wirken. Es ist doch so: Jeder bekommt den Hund, den er verdient, den er braucht, und der ihn weiter bringt. Darum bekommen so viele Leute, die sich ganz blauäugig und ohne nachzudenken auf das Abenteuer Hund einlassen, oft die einfachsten, unproblematischsten Hunde, während die, die alles richtig machen wollen, solche Hunde erwischen, für die man eigentlich ein Studium in Verhaltensbiologie braucht, auf jeden Fall aber Gelassenheit, Ruhe und die Fähigkeit, den anderen – und sei es der Hund – erst einmal so anzunehmen, wie er ist, und dann mal weiterzusehen.

Inzwischen ist Harry kein Angsthund mehr, nur noch etwas kapriziös und kompliziert – und auch nicht mehr ganz so zart, weil etwas übergewichtig: Er sieht eher aus wie ein Baby-Grauwal. Ich schiebe seinen unmäßigen Appetit darauf, dass er seine Speckschicht eben als Schutzhülle gegen die Unbill des Lebens braucht.

Fritz ist dagegen ein als Windspiel verkleideter Labrador: Nerven aus Drahtseil, selbstbewusst, frech und draufgängerisch, furchtlos und vergnügt. Ich bekam ihn, weil es deutlich war, dass Harry sich nicht genug an den Pudeln orientierte, sondern offenbar seinen eigenen Phänotyp brauchte, um sich wirklich sicher zu fühlen. Fritz, obwohl ein Jahr jünger, nahm Harry buchstäblich an die Hand und half dem Zitteraal, sich in seinem Windschatten dem Leben zu stellen.

2

Der absolute Tiefpunkt meines Daseins als Stadthundemensch begab sich in einer nieselregnerischen Nacht gegen halb zwölf. Ich wartete müde darauf, dass Fritz sich als letzter meiner Vierer-Truppe endlich löste. Er drehte und wendete sich, versuchte es an anderer Stelle, drehte, krümmte und wendete sich wieder. Ich bückte mich schließlich, um genauer nachzusehen, was sein Problem war. Von den Straßenlaternen erleuchtet sah ich etwas weißes, schnurähnliches aus seinem Hinterteil ragen. Ich zog mir einen der Kotbeutel, die man in jeder meiner Jacken-und Manteltaschen, jeder Hand- und sogar jeder Abendtasche findet, nach Art eines medizinischen Handschuhs über die Hand und zog. Das Weiße war lang und gab irgendwie nach, und am anderen Ende war ein rundes kleines Metallstück. Als ich – zu Fritzens unbändiger Freude und Erlösung – endlich das ganze Ding in der Hand hielt, erkannte ich, was es war: Der Träger eines vormals weißen BHs.

In meiner Nähe stand eine Gruppe Teenager, die sich gleichzeitig bogen vor Lachen und schüttelten vor Ekel. „Boah ey, voll eklig!" quietschte es zwischen Kicher-Gejapse und Gegeneinanderfallen.

Ich versuchte, würdevoll und kultiviert auszusehen, was völlig unmöglich ist, während man einen BH-Träger unbekannten Ursprungs in nicht mehr einwandfreiem Zustand in einer kotbeutelbehandschuhten Hand hält.

Weil man mit Hunden zwangsläufig einen Großteil seines Lebens auf der Straße, im Park oder im Wald verbringt, wird man mit ihnen automatisch zu einer Art öffentlicher Person. Man wird ansprechbar,

Fremde bewerten einen anhand des sich gerade mal gut oder schlecht benehmenden Hundes am anderen Ende der Leine. Man wird ständig angesprochen, belehrt, befragt, beurteilt. Wenn man mit Hunden zusammenlebt, begreift man plötzlich, wie es sein muss, mit einem Prominenten verheiratet zu sein: Überall lauern Papparazzi, und (natürlich völlig unwahre) Schlagzeilen wie „Außer Rand und Band: Harry macht, was er will – bekommt Katharina ihn wieder in den Griff?" sind die Kommentare der Umwelt.

Während ich so da stand mit dem BH-Träger in der Hand und einem Windspiel, dass sich vor Erleichterung über seinen befreiten Darm kaum einkriegte vor Freude, wuchs in mir das akute Bedürfnis nach mehr Privatsphäre. Nach einer Welt ohne Schulbrote, Scherben, Sperrmüll und BH-Träger am Straßenrand (oder wo zum Teufel hatte Fritz das Ding her? Und wer verlor überhaupt irgendwo einen einzelnen BH-Träger auf der Straße oder im Park? Und wie wurde ich dieses Kopfkino jetzt wieder los?).

Es gab diese Gefühle in meinem Leben schon häufiger. Mein Leben lang war ich hin- und hergerissen zwischen den Vorteilen der Stadt – erreichbare Restaurants, sich mal eben mit irgendjemandem im Café um die Ecke verabreden, mal kurz eine Ausstellung ansehen zwischen zwei Terminen – und der Ruhe auf dem Land, Vogelgezwitscher statt Polizeisirenen bei offenem Fenster, Hundespaziergänge, die gleich an der Haustür begannen, ein Kopf, der durch den Spaziergang mit Hund frei und leicht wurde – und nicht auf dem kurzen Weg von meiner Wohnung zum Viktoriapark völlig überladen von Bildern, die mich den ganzen Tag beschäftigten, von dem alten Mann, der zwei Häuser weiter wohnte und immer wieder mit nassen Hosen herumlief, einem Junkie, der vor einer Bäckerei an einen Baum gelehnt auf die Erde rutschte, oder jugendlichen Touristen, denen vor meinen Füßen die Bierflasche aus der Hand rutschte und in tausend Scherben zerbrach, sodass ich nicht mehr wusste, wohin ich mit meinen Hunden treten sollte. „Oh sorry", sagte der Junge mit betroffenem Gesicht. Das half mir in diesem Moment auch nicht weiter. Und die Typen auf den Schimmeln, die einem die Hand reichen und einen aufs Pferd ziehen, kommen leider nie dann vorbei, wenn man sie wirklich braucht.

Der Traum vom Landleben wurde immer mehr zum Tagtraum, je mehr irrisnnig angespannte Tai-Chi-Ausübende und schnaufende Marathonläufer die Parks für sich beanspruchten. Oder Kampfradfahrer, die pfeilschnell über die Gehwege fegten und für die jedes Bremsen das Eingestehen einer Charakterschwäche war und Hunde Freiwild bedeuteten. Oder jene Sorte humorbefreiter Mütter, die mit ihren technisch hochgerüsteten Kinderwägen mit ihren gleichartig ausgestatteten Freundinnen auf dem Weg zum nächsten Latte Macchiato wie eine Kampfgeschwader-Formation den ganzen Bürgersteig einnehmen und Hundebesitzer als eine Mischung aus bakterienverbreitenden Untermenschen und Kleinkriminellen betrachten. Sollte das Kind wider ihrer ausdrücklich entgegengesetzter Erziehung Interesse an einem fremden Hund bekunden, werfen sie sich vor den Buggy, weil sie offenbar in jedem zitternden Italienischen Windspiel eine reißende Bestie vermuten, während sie gleichzeitig das ohrenbetäubende Gekreisch ihrer empörten Brut für einen Engelschor halten („Ich will den Hund streicheln! ICH WILLICHWILLICHWILL!").

Um keine Missverständnisse aufkommen zu lassen: Ich habe Kinder wirklich gerne. Ich habe nur mit manchen Müttern meine Probleme.

Irgendwann ging ich in Kreuzberg, wo ich wohnte, nachts nochmal mit den Hunden auf die Straße für die letzte Runde. Es war halb eins, ich hatte den ganzen Tag geschrieben und war todmüde. Neben meiner Haustür standen zwei Jungs so um die siebzehn. „Guck' mal, scheiß Pudel", sagte der eine. „Voll zum Kotzen, die Viecher. Aber guck' dir die Tussi dazu an. Ey du, was kosten deine Pudel?" (Ich versichere Ihnen: Meine Pudel sahen niemals aus wie Karikaturen ihrer Art, und ich selber würde so wenig als Mitglied der Jakob-Sisters durchgehen, wie man mir abnehmen würde, die Schwester von Daniela Katzenberger zu sein.) Aber möglicherweise war das der ausschlaggebende Moment, der Tropfen, der das Fass zum Überlaufen brachte. Ich weiß es nicht mehr genau.

Tatsache war: Mir wurde die Stadt zu eng – obwohl die beklagte Stadt Berlin war, die so groß ist, dass man von einem Stadtteil in einen anderen durchaus mehr als eine Stunde braucht. Der Verkehr wurde immer wahnsinniger, die Menschen immer gestresster. Ich hatte meine Schwierigkeiten mit den Umgangsformen: Wenn einen auf dem Bürgersteig eine Radfahrerin so laut von hinten anklingelte, dass ich mitsamt meinen Hunden vor Schreck einen Satz ins nächste Gebüsch machte, mir das Ganze aber als rücksichtsvolle Maßnahme verkauft wurde und ich solle mich gefälligst nicht so erschrecken, fiel es mir irgendwie schwer, den fürsorglichen Gedanken dahinter zu entdecken. Ich konnte mich lange nicht entscheiden, ob es der Stress oder die berühmte „Berliner Schnauze" war, die daran schuld war, dass man dauernd so flegelhaft angeschnauzt wurde. Was ist eigentlich aus dem allerschlichtesten Imperativ der Weltanschauung geworden: „Seid nett zueinander!"? Man kommt sich vor wie ein veralteter Ur-Sozi, wenn man sich nach solchen Utopien sehnt.

Der Dreck in den Straßen Berlins wurde immer mehr. Berlin ist fest davon überzeugt, dass es an einem Hundekot-Problem leidet, aber ich startete einmal für eine große Sonntagszeitung den Gegenbeweis und hielt genau fest, was da so alles am Straßenrand lag: Glauben Sie mir, die Hundehaufen waren das allerkleinste Problem. Noch dazu wohnte ich in Kreuzberg um die Ecke von gefühlten siebenundzwanzig Jugendherbergen. Das bedeutete, dass vor allem nach heißen

Berliner Sommernächten die Gehwege übersät waren von Flaschenscherben, denn Touristen kommen vor allem deshalb nach Berlin, um die dortigen Abgründe zu erleben (was wahrscheinlich ganz im Sinne des damaligen Bürgermeisters war, der seinerseits vor allem als Partymeister von sich reden machte). Ganze Rotten aus jungen internationalen Touristen veranstalteten alkoholgestützte Wanderungen durch Kreuzberg (Motto: „Drinking in the streets of Berlin!"), sodass die Teilnehmer angetrunken und entspannt grölend durch die nächtlichen Straßen zogen, in die malerischen Haueingänge pinkelten und ihre Flaschen klirrend fallen ließen. „Oops, sorry!" lallten sie, wenn das genau vor meinen und den Füßen meiner vier Hunde geschah, sodass ich mit den Pudeln und den Windspielen weder vor, noch zurück konnte und ich schlicht nicht über die Kapazitäten verfügte, zwei Großpudel und zwei Windspiele gleichzeitig über die Scherben zu tragen. Bin ich Jesus? Wenn ich mich recht erinnere, konnte der auch nur über Wasser laufen.

Der Traum vom Leben auf dem Land erschien mir immer mehr als echte Alternative: Nachts mit meinen Hunden vor die Tür gehen zu können, ohne Gehirn und Mundwerk im permanenten Stand-by auf Retourkutschenbereitschaft zu halten. Einfach mal vor sich hinlatschen zu können, ohne rechts und links nach Gefahren auf dem Bürgersteig Ausschau halten zu müssen.

Ich gebe zu: Meine Landlust hatte etwas von „Unsere kleine Farm"; ich stellte mir meine Hunde vor, die vergnügt und leinenfrei durch Gräser hopsten und ich entspannt hinterher (wenn auch ohne Zöpfe und Rüschenkleid), wie sie im Garten chillten oder sich amüsierten, während ich langweilige Stunden am Computer hockte. Und obwohl ich der Meinung bin, dass man Hunde zum Allgemeinwohl gerade in der Stadt braucht, weil sie Natur in die Stadt bringen und damit die Stadt menschlicher machen, machte ich mich davon.

Gleich vor Berlin beginnt nämlich ein landschaftliches Paradies. Um Berlin herum gab es überall geradezu jungfräulich-unberührte Natur; Landwirtschaft hatte hier nur unwesentlich stattgefunden, und weil die Berliner jahrzehntelang nicht über die Mauer hinaus gekommen waren, konnte auch von Zersiedelung keine Rede sein. Wenn man in Ruhe mit seinen Hunden laufen und/oder trainieren wollte, musste man nur eine halbe Stunde über den Prenzlauer Berg hinaus fahren, und war mitten im schönsten, tiefsten, einsamsten Wald, in dem Kraniche, Fuchs und Störche sich gute Nacht sagten und Rehe wenig zu befürchten hatten. Ich fuhr häufig in die Nähe eines alten Lungensanatoriums aus dem 19. Jahrhundert, eine Art Thomas Mann'scher „Zauberberg", das seit fünfzig Jahren verlassen in einem eingezäunten Park lag und einen verwunschenen Eindruck machte. Wildschweine, Füchse und Rehe lebten dort friedlich und unbescholten, Fledermäuse und Tauben nisteten unter den alten Dächern. „Da sollte man mal was draus machen", dachte ich manchmal flüchtig, während ich auf verschlungenen Pfaden mit den Hunden spazieren ging, unbehelligt von Kampfradlern, die sich in Parks, im Grunewald oder am Schlachtensee wie Gurkha und Combat-Man zugleich benahmen. Pfeilschnell ziehen sie ohne Furcht und Tadel ihre Rennmaschinen mit Tundra-tauglichem Crossbikerprofil über die Waldwege. Nichts kann sie aufhalten, am allerwenigsten ein paar Hunde, die verträumt von links nach rechts traben und den Gerüchen der Natur frönen: Die sind für Sportradler nur Sparringspartner, Gegner im bewegten Dschungelcamp des Lebens. Nicht, dass meine Hunde sich derlei Respektlosigkeit gefallen ließen. Harry verfolgte Radfahrer hartnäckig mit ohrenbetäubendem Gekreisch, während Luise, die ich meistens für mein besseres Selbst hielt, einen ganz perfiden Trick anwandte, den sie im Viktoriapark in Kreuberg perfektioniert hatte: Dort gab es Fahrradfahrer, die der Meinung waren, Straßen, Wege und Pfade gehören nun einmal ihnen, und alles, was ihnen im

Weg stand, unter die Erde. Stand man zufällig in einer kleinen Gruppe zusammen auf einem Weg und unterhielt sich, fuhren sie nicht etwa bequem auf den sehr breiten Wegen um die kleine Gruppe herum, sondern mitten durch die Unterhaltung durch und so eng an den Hunden vorbei, dass deren Barthaare die Speichen berührten. Luise fand, dass für diese Radler nicht die normalen Maßstäbe der menschlichen Existenz galten. Sie stellte sich mitten auf den Weg, machte einen ganz langen Hals und legte in aller Ruhe ihr perfektes Scherengebiss um die stramme Wade des nächsten Radfahrers, der ihr zu nahe kam. Das Geschrei war jedes Mal groß. Aber Luise bestand bei Fahrrädern auf einer Individualdistanz von mindestens sieben Zentimetern. Ich gebe zu: ich teilte diese Haltung.

Bei irgendeinem Spaziergang an dem alten Krankenhauskomplex vorbei entdeckte ich dann eines Tages menschliche Bewegung auf dem Gelände: Die Gebäude wurden saniert. Wochenlang verfolgte ich die polnischen Bauarbeiter, um herauszufinden, wer das Projekt machte, wann es fertig sein würde, was es überhaupt werden sollte, und ob sie mir mal die Nummer des Bauherren geben könnten. Die Arbeiter verstanden kein Deutsch, hielten mich aber aufgrund meiner offensichtlichen Sprachstörungen (ich versuchte, mich mit einer Mischung aus Deutsch, Englisch und wenigen Brocken Polnisch, die ich aus den Tiefen meines Hirns hervorkramte, irgendwie verständlich zu machen, begleitet von ausladenden Gesten, die mir als Sichtzeichen mit meinen Hunden immer gut geholfen hatten) für eine übergeschnappte Waldhexe und suchten das Weite, sobald sie mich herankommen sahen.

Irgendwann outete sich der Bauherr über ein großes Schild, auf dem das Projekt als Denkmalschutz-Wohnungsbau gepriesen wurde, mit einer glücklich lächelnden Familie darauf und einem gewaltigen, freundlich blickenden Hund neben sich. Obwohl die Hundehaltung auf der ganzen Welt immer mehr erschwert wird mit Verordnungen, Regularien, Steuern, Angstmacherei in den Medien (jedenfalls war das so, bevor sich die Zeitungen darauf verständigten, dass Muslime viel gefährlicher waren als Hunde, die just ab diesem Moment keine einzige Schlagzeile mehr wert waren), sind sie in der Werbung immer noch ein weltweites Symbol für Familienfreundlichkeit und Natürlichkeit. Das Foto auf diesem Schild hatte man offensichtlich einer amerikanischen Agentur abgekauft und nicht bemerkt, dass der große, treuherzig blickende Hund ein American Bulldog war – eine Rasse, die aufgrund ihrer angeblichen Gefährlichkeit hierzulande als so genannter Kampfhund geahndet und mit unglaublich erhöhten Steuern, Wesenstest und Auflagen wie kurzen Leinen und dem Tragen von Maulkörben belegt wird. Wahrscheinlich erschloss sich die Ironie des Familien-Plakates auch nur mir.

Also galoppierte ich nach ein paar Monaten in den ehemaligen Klinikgebäuden treppauf, treppab im Gefolge der Maklerin, die für das Objekt zuständig war. Ich war die Erste, die sich für eine Wohnung interessierte, und hatte die schreckliche Qual der Wahl zwischen bisher achtunddreißig Wohnungen, die alle über unterschiedliche Vorzüge verfügten. Bis auf die Bauarbeiter und deren Maschinerie gab es hier nichts: Keinen Bus, keinen Verkehr, keinen Briefkasten, vorläufig noch keine Nachbarn.

Es war himmlisch.

Meine Freunde dagegen wurden sehr nervös. Sie machten sich Sorgen. Für die meisten Berliner beginnt direkt an der Stadtgrenze eine gefühlte Gefahrenzone, unruchbares Gelände mit verlassenen Geisterdörfern, die letzte Gegend Europas, in der es keinen Starbucks gibt, und wo einem als Cappuccino noch säuerlicher Kaffee mit Schlagsahne serviert wird. Anders als in allen anderen Städten fährt in Berlin fast niemand wochenends aufs Land: Historisch hatten die Westberliner keine Verwandten oder Wochenendhäuser dort; das

Äußerste, was der Westberliner vor der Wende an Natur zu sehen bekam, war seine Laube. Eine Ausnahme machen heutzutage jene, die die Uckermark für sich entdeckt haben, eine feine, intellektuelle und recht betuchte Gruppe, eine Art „Toskana-Fraktion" Berlins, die freitags in ihr Auto steigen und ohne anzuhalten bis zu ihrem Ziel am Ober- oder Unteruckersee durchfahren. Man weiß ja nie, was unterwegs alles lauert.

Als ich also meinem Umfeld Mitteilung machte, ich würde demnächst von Kreuzberg aufs Land ziehen, waren alle um mich herum ins Mark getroffen. Es waren düstere Prognosen, die ich zu hören bekam: „Dann wird man dich ja wohl nie wieder zu sehen bekommen, du wirst völlig vereinsamen" oder „Und die Neonazis?" oder „Ich gebe dir zwei Jahre, dann bist du wieder da" oder „Gibt's da überhaupt Geschäfte?"

Ich möchte darauf hinweisen, dass meine neue Behausung schlappe 16 Kilometer von Mitte entfernt war. Es zeigt die spezielle Situation Berlins, dass praktisch einen Meter hinter der Stadtgrenze übergangslos ausgeprägtes Landleben inklusive Forstwirtschaft beginnt. Und es macht auch die besondere Situation Berlins deutlich, in dem *die Mauer* ganz offensichtlich noch fünfzehn Jahre nach deren Fall so präsent war, dass die meisten Leute niemals auf die Idee kamen, eine Landpartie zu machen. Den Spreewald kennen die meisten Zugereisten Berlins bis heute nur aus dem Fernsehen, und die „Spreewald-Krimis" mit Mord und Totschlag machen ihnen die wirklich sehr schöne Gegend auch nicht sympathischer. Andere verloren sich in Argumenten, dass sie niemals ohne unmittelbare Nähe zu ihrem Lieblingsrestaurant überleben könnten und ihre Teenager nicht ohne Kinos, Discotheken und Einkaufscenter, und was überhaupt mit dem Feierabendverkehr sei?

Keines dieser Argumente hatte irgendetwas mit mir zu tun. Ich hatte keine Teenager im Haus, ich musste mich auch nicht in der

Rushhour in den Verkehr werfen, weil ich meistens zu Hause arbeite, und es gab selbst am Stadtrand einen gut sortierten Supermarkt, in dem man Wasabi-Kartoffelchips erwerben konnte. Was wollte ich mehr?

Stattdessen sparte ich von nun an unendlich viel Zeit, weil ich nicht mehr jeden Tag Kilometer um Kilometer zurücklegen musste, um mit meinen Hunden vernünftig spazieren gehen zu können und nicht nur Runde um Runde in zugemüllten Berliner Parks zu drehen.

Das war das einzige Argument, das meine Freunde gelten ließen. „Na klar, die Hunde! Für *die* ist das natürlich schön."

Das Leben auf dem Land ist tatsächlich vor allem *für mich* schön. Habe ich Hunde, weil ich so gerne draußen bin oder bin ich so gerne draußen, weil ich Hunde habe? Die Frage erübrigt sich mittlerweile; mein behundeter Zustand hält schon über fünfunddreißig Jahre lang an. Das große Glück ist: Ich finde schon von Kindesbeinen an so ziemlich die gleichen Dinge großartig, wie meine Hunde auch (abgesehen von dem Wälzen in stinkigen, glibberigen Dingen. So weit gehe ich dann doch nicht). Ich finde nichts schöner, als lange Spaziergänge durch die Landschaft. Ich kann stundenlang irgendwo im Wald herumstehen und Eichhörnchen beim Spielen zusehen, dem Specht zuhören oder in feste Netze eingewickelte seltsame Raupen beobachten, um die herum Ameisen mit ADHS klettern, in der Hoffnung, irgendwo ein Loch in der Netz-Barrikade zu finden, um die hellgelben Raupen anzuzapfen. Und so, wie meine Hunde sich im Sommer in kühle Pfützen oder Ufermatsch legen, um sich abzukühlen, mag auch ich das Gefühl von weichem Modder zwischen den Zehen. Heute früh stand ich eine halbe Stunde in der Sonne und sah zwei verliebten Kolkraben zu, die sich in atemberaubendem Flug in die Tiefe stürzten, mit Trudeln, Schraubenbahnen und heiseren Rufen, mit denen das Männchen um die Gunst seiner Angebeteten warb. Dabei hätten die meisten Kolkraben diesen Aufwand gar nicht nötig, sie leben nämlich in monogamer Dauerehe, bis dass der Tod sie scheidet (auf diese Vorlage jetzt mit einem menschlichen Vergleich zu reagieren, spare ich mir jetzt. Wir wissen alle, was jetzt in Ihrem Kopf passiert). Ich treffe auch gerne andere Menschen und ihre Hunde unterwegs, erfahre interessante Dinge bei diesen Unterhaltungen, beobachte meine Hunde, die fremden Hunde und werde auf meinen Spaziergängen täglich schlauer. Und das ist es doch, was wir vom Leben wollen, oder?

3

Der Umzug aufs Land barg unendliche Überraschungen.

Zuerst einmal musste man sich an diese Stille gewöhnen: Hörte man jemanden im Umkreis von 30 Metern husten, saß man sofort kerzengerade im Bett und konnte nicht mehr einschlafen. Ich hörte Blätter fallen und Vögel flattern und einen offenbar empörten Nachtvogel, der mit lautem „Kiwitt! Kiwitt!“-Geschrei das Leben oder seine Einsamkeit beklagte. Erst mithilfe einer Singvogel-CD konnte ich das Geräusch als Ruf des Waldkauzes identifizieren. Bisher kannte ich nur deren „Huhuuu“ und hielt mich damit, was Tierstimmen betrifft, schon für ziemlich trittsicher. Ich schlief das erste Mal seit 1986 durch, nicht länger gestört von früheren nächtlichen Hof-Situationen wie weinenden Kindern, heimkehrenden Nachbarn, die angetrunken versuchen, ihr Fahrrad anzuketten, solchen, die im Morgengrauen mit Rollkoffern über den Hinterhofasphalt spazieren oder sich zu nachtschlafender Zeit bei offenem Badfenster die Haare fönen. Ich musste mir nach all den Jahren tatsächlich einen Wecker kaufen.

Mein Tagesablauf veränderte sich völlig: Warf ich mich vorher morgens ins Auto, um meine Hunde in einen Park zu chauffieren, spazierte ich jetzt in Gummistiefeln aus meinem Tor und ging ohne Umwege und direkt in den Wald. Ich holte mir keinen Latte Macchiato mehr im Café an der Ecke ab, aber das war schließlich nichts, was meine Espressomaschine nicht auch hinbekam. Statt ständigen Konflikten mit Ordnungsamtbeamten und angeleinten Hunden, die keinen Kontakt zu anderen Hunden haben durften, aus dem Weg zu gehen, stand ich eine halbe Stunde auf einem Weg und sah einem Konflikt zwischen einer Blindschleiche und einem Regenwurm zu, wobei die Schlange versuchte, den Regenwurm quer zu verspeisen, was einfach nicht funktionieren konnte, weil ihr Maul nicht breiter war als der Regenwurm. Ich hatte keine Ahnung, wie ich ihr das klar machen sollte. Selbst dem Regenwurm wurde es irgendwann zu mühselig, woraufhin er sich einfach von einer Körperhälfte trennte. Einkäufe erledigte ich nicht mehr zwischendurch auf dem Weg von irgendwo nach irgendwo anders, sondern nach sorgfältiger Planung. Das spart übrigens sehr viel Zeit; auf dem Land kann man auch nicht mehr zur Ablenkung „mal schnell" einen Kaffee trinken gehen oder dreimal hintereinander einen einzelnen Liter Milch kaufen, wenn man in seinem Artikel stecken bleibt. Als Arbeitsverhinderungsmaßnahmen boten sich von nun an ganz andere Möglichkeiten, wie Rasenmähen, Hecken beschneiden oder Clematis anpflanzen.

Andere gingen samstags auf die Friedrichstraße oder nach Mitte, ich ging zum Shoppen in den Baumarkt. War ich bisher gut informiert über die Kollektionen von 70fallmankind und Bottega Veneta, kannte ich mich bald mit dem kompletten Rasensamensortiment aus und wusste, welche Sorte Dünger mein spezieller Rasen (stark strapaziert, gleichzeitig im Schatten gelegen) bevorzugte – den nämlich, der Hühnerkacke enthält, was gemeinhin als „Guano" angepriesen wird. Mir machte keiner mehr etwas vor mit Blumenzwiebelpflanzgeräten.

4

Das Haus, in dem unsere Wohnung lag, war das ehemalige Küchengebäude des Sanatoriums und lag direkt am Waldrand. Für die Hunde begann da draußen ein ganz neues Leben. Hatten wir in der Stadt auf dem Weg von der Straße in den zweiten Stock den Großteil von Staub und Sand bereits im großzügigen Treppenhaus abgeschüttelt, verteilten sie nun Waldboden, kleine Zweige, Grünzeug und angetrockneten Matsch geschickt im Flur. Barfuß fühlte sich mein Parkettboden bald an wie ein weicher Waldpfad. Den Sand im Bett verkaufte ich mir als natürliches Körperpeeling – war ich nicht an den Stadtrand gezogen, weil ich naturnäher leben wollte? Meine Hunde sprangen ausgelassen auf dem frisch angesäten Rasen herum und wieder die Stufen hinauf ins Wohnzimmer aufs Sofa, das sie als eine Art Abschussrampe benutzten, um sich wieder die Stufen hinunter in den Garten zu katapultieren. Ich verstand jetzt, warum der „Landhaus-Stil" immer „shabby chic" genannt wird – mein grünes Samtsofa, das zahllose Umzüge von Los Angeles nach Hamburg nach München nach Berlin und nun aufs Land schadlos überstanden hatte, wirkte im Nullkommanix schäbig. Bloß nicht mehr so schick.

Der ganze Klinikpark war hoch eingezäunt, um das Wild draußen zu halten, das in den letzten Jahrzehnten die Anlage für sich beansprucht hatte. Nachts gingen wir nun spazieren, ohne uns um Glasscherben, Betrunkene oder den Kreuzberger Pitbull-Besitzer kümmern zu müssen, der stets mit Schlagstock unter dem Arm spazieren ging. Manchmal machte ich die letzte Runde mit den Hunden sogar im Nachthemd; es war ja keiner da, der sich hätte wundern können (ich gewöhnte mir das allerdings wieder ab, sobald mehr Nachbarn in die Häuser einzogen). Statt späten Gästen, die aus Kneipen taumelten, trafen wir nun allerdings auf Kaninchen, Waschbären, die sich fauchend auf den Mülltonnen aufrichteten (was den armen Fritz so erschreckte, dass er den gesamten Abendspaziergang lang bellte und sich immer wieder erschrocken umsah) oder anderes Getier, das ich nicht erkennen konnte, hinter dem die Pudel aber mit Begeisterung her schossen und im Dunkel der Nacht verschwanden. Das legte sich nach kurzer Zeit, als sich die erste Aufregung über die neuen Gerüche und fremden tierischen Nachbarn entspannt hatte.

Es war natürlich viel artgerechter, keine Frage: Wald, Wiesen und ein großer Garten. Letzteren bepflanzte ich mühevoll und lernte nun täglich dazu, welche Pflanzen hundeurinresistent sind, und welche sofort und ohne langes Leiden daran sterben (übrigens ein Ratgeber-Thema, das auf dem Buchmarkt noch völlig unerschlossen ist). Luise, Ida, Fritz und Harry mussten nun im Garten ihre Naturtauglichkeit unter Beweis stellen: Zuerst erschreckte sich Harry, das Italienische Windspiel, vor einem ungefähr daumennagelgroßen Frosch im Gras fast zu Tode, lernte dann aber bald den Umgang mit wilden Tieren aller Arten, lernte Bienen und Hummeln aus dem Weg zu gehen und entwickelte ein erstaunliches Geschick im Fliegenfangen. Die gewonnene Fahrzeit, weil ich nicht mehr quer durch die Stadt in den Grunewald fahren musste, investierte ich nun in intensives Freilauftraining, denn Harry entdeckte bald, dass es viel lustiger war, Rehe statt Fahrräder zu jagen, weil Rehe einen nicht anbrüllen.

Nachdem meine Hunde irgendwann fächerförmig am Horizont verschwunden waren, besorgte ich Schleppleinen in unterschiedlichen Farben. Unsere Spaziergänge wurden zu einer Art Comedy-Serie für alle Jäger des Umkreises, die von ihren Hochsitzen verfolgten, wie ich mit fünf Hunden an bunten, langen Leinen durch Wald und Feld stapfte. Von oben betrachtet musste das aussehen wie eine Art Makramee für Fortgeschrittene.

Schon bald kannten wir alle Rehe beim Vornamen und die Hunde gewohnten sich an die verwirrende Spurenlage so, wie sie vorher in der Stadt an das Inferno unterschiedlichster Gerüche gewohnt waren. Die Spaziergänge fanden wieder in trauter Gemeinsamkeit statt. Vorsorglich legte ich mir allerdings einen Vorrat des Spätburgunders zu, von dem ich erfahren hatte, dass der Revierförster ihn am liebsten trank.

5

Was Ida, Fritz und Harry aber schmerzlich zu vermissen schienen, waren ihre täglichen Snacks am Straßenrand – die weggeworfenen Schulbrote, die angegammelten Döner, das Erbrochene unter Bäumen. Im Wald gab es derlei nicht. Also kompensierten sie den Verzicht der Straßenrand-Snacks mit kleinen Häppchen aus Marderkacke, Fuchspipi und Hasenkötteln. Außerdem stellten sie fest, dass man sich in verwesenden Kröten genauso gut wälzen konnte wie in vergammelten Schulbroten, wenn nicht besser, und Schafsköttel zwar nicht ganz so abwechslungsreich schmeckten wie der Müll im Park nach einem warmen Sommerabend, aber dafür wurde einem davon offenbar weniger schlecht.

Meine Ex-Stadthunde wurden zu echten Kerlen, denen die Elemente und der Dreck nichts anhaben konnten. Luise und Ida entwickelten eine wahre Leidenschaft für Schlammbäder: Hatten sie im Teich im Stadtpark noch artig am flachen Ufer gekneippt, warfen sie sich nun direkt in den Modder hinein, wälzten sich mit Leidenschaft darin und dekorierten sich anschließend mit Blättern und altem Gras. Es sah aus, als wäre ich mit Camouflage-Pudeln unterwegs. Glücklicherweise konnte ich sie im Garten einfach mit dem Schlauch abspülen. Einfach aussperren, bis sie getrocknet waren, klappte nicht: Als ehemalige Etagenhunde waren sie es nicht gewohnt, sich ohne mich im Freien aufzuhalten. Sie fanden, ihr Platz sei an meiner Seite. Und zwar immer und in jedem Zustand, in guten, wie in schlechten Zeiten.

Unsere Spaziergänge waren lang, ungestört und romantisch. Im Teich schwammen Wildgänse, auf dem Feld standen die Kraniche und schrien nach (ihren?) Frauen, abends sangen sehnsüchtig die Nachtigallen, die Käuzchen riefen, und die Jahreszeiten konnte man riechen. Ich entwickelte eine ungeahnte Ruhe und Gelassenheit, als könne mir nichts mehr jemals etwas anhaben.

Nur bei Luise hatte ich das Gefühl, dass ihr das alles irgendwie nicht genügte. Luise war ein schwarzer Großpudel, wie er in Büchern aus den 50er-Jahren stand: Elegant, selbstbewusst und ein wenig mysteriös; wenn sie trabte, schien sie zu schweben. Sie wälzte sich niemals in scheußlichen Dingen und fraß sie auch nicht, außer, sie waren leicht angebraten. Luise schien zu fürchten, dass sie im Wald verbäuerlichen würde, und sehnte sich nach dem bewegten Leben der Berliner Haute Volée.

Also nahm ich sie mit, als ich mich mit einer Freundin im Berliner Restaurant „Borchardt“ traf.

Das Borchardt in der Französischen Straße in Mitte ist eine Institution. Es ist berühmt für sein Wiener Schnitzel, das angeblich bis zu dessen weltlichen Ende von Honeckers Leibkoch in der Küche flachgeklopft wurde, und noch berühmter für seine immer wieder illustren Gäste, um die kein anderes Gewese gemacht wird, als um andere freundliche Gäste auch. Ich jedenfalls wurde immer behandelt wie eine Prinzessin, und Luise wie ein Filmstar. Sie legte sich im Restaurant auch nie unter den Tisch wie andere Hunde, sondern saß kerzengerade neben meinem Tisch und beobachtete Gäste und Kellner. Luise hatte – wie die meisten Pudel – eine Art, Menschen konzentriert zu betrachten, dass Ungeübte immer kurz davor waren, ihr die Hand zu schütteln oder sie zu siezen. Joschka Fischer fühlte sich eines Tages von ihrem aufmerksamen Blick offenbar irgendwie ertappt und setzte sich um – so, dass er dem Hund den Rücken zudrehte (dabei galt er als Hundefreund und hatte selbst einen Kangal, der im Grunewald für Angst und Schrecken sorgte, weil er nach Kangal-Art eben nicht daran interessiert war, auf Schritt und Tritt fremden Hunden Hallo zu sagen. Fischer ließ den Rüden irgendwann kastrieren, was natürlich auch nichts nützte).

An diesem heißen Juli-Tag war das Borchardt beinahe ausgestorben, was daran lag, dass der spätere Präsident Barack Obama in der Stadt war. Es war ein wundervoller, heißer Sommerabend, wir saßen auf der kühlen Terrasse und unterhielten uns, als wir bemerkten, dass die Kellner hektisch auf und ab zu rennen begannen und Tische und weiße Tischtücher in den hinteren Raum trugen, der früher eine Art Remise war, jetzt aber als Separée fungiert, wenn man beispielsweise ein größeres Essen mit Freunden veranstalten oder für eine kleine Konferenz seine Ruhe möchte.

Aus dem Augenwinkel sahen wir irgendwann, dass Obama mit drei, vier Leuten auftauchte. Der Plan, hier essen zu gehen, war offensichtlich spontan und (noch) geheim, denn nirgends waren Fotografen. Obama setzte sich mit einem anderen Mann an einen kleinen Tisch in die Mitte, während ein gut gelaunter, eher wie ein HipHopper aussehender Security-Mann hinter der Bar Position einnahm. Niemand kümmerte sich besonders um den Präsidentschaftskandidaten, der bescheiden und möglichst unauffällig essen wollte, bis auf irgendeine „Pappnase", die ich noch aus München kannte, die aufstand und einsam, aber laut zu klatschen begann. Auch darum kümmerte sich niemand, und er setzte sich gleich wieder.

Gegen zehn wollten wir gehen, und ich musste zwangsläufig an Obamas Tisch vorbei. Er hielt inne und sah Luise an, die wiederum ihn genau zu betrachten schien. In USA sind Hunde in Restaurants verboten, weshalb ihn ihr Anblick wahrscheinlich kurz irritierte. „What a beautiful dog", sagte er freundlich. Ich bedankte mich. „And she's so black", fügte er grinsend hinzu.

Also meine Stimme wäre ihm auf jeden Fall sicher gewesen.

6

Auf dem Land mussten die Hunde und ich uns nun an den wahren Berliner gewöhnen. Es stellte sich heraus, dass wir nach vier Jahren Hauptstadtleben gar keine Ahnung von ihm hatten: In Berlin selbst trifft man ihn nicht mehr ohne Weiteres. Die Stadt wurde längst von Zugereisten übernommen, coolen Studenten mit 24/7 Wollmützen auf dem Kopf in Röhrenhosen, denen der Hintern vielleicht nicht ganz auf Grundeis hängt, aber dafür nur knapp oberhalb der Kniekehlen, und bärtigen Hipstern, die dem Ruf des Spaß-Bürgermeisters Wowereit gefolgt waren ins Mekka der ewigen Party. Anders als in anderen Städten sieht man diese gepflegten, fröhlichen jungen Menschen in Berlin auch zumeist mit der Bierflasche in der Hand. In anderen Städten würden sie als Menschen mit einem kleinen Suchtproblem gelten, nicht so in Berlin: Hier gilt die Bierflasche in der Hand als „Aqua Culinaris“, als Mitgliedsausweis derjenigen, die wissen, wo's langgeht, als Ausdruck der persönlichen Kreativität und gleichzeitig alkoholgestütze mentale Vorbereitung auf das abendliche Ausgehen. Die anderen, die in Berlin in Etablissements wie Einstein, Grill Royal, Borchardt, Manzini, Paris Bar u. ä. sitzen, sind ebenfalls zugereiste, mehr oder minder schlecht gelaunte Journalisten, die eine „Hauptstadt-Mission“ erfüllen wollen und aufgrund der politischen Lage (egal, wie sie gerade aussieht) einen Status der Dauer-Verzweiflung mit sich herumtragen. Die wahren Berliner sind längst an den Rand gedrängt worden, in Stadtteile, die keiner mag, und auch aus denen, sobald besagter Stadtteil langsam, aber sicher angesagt ist.

Der Berliner an sich hat diese Entwicklung nicht gern, wer kann ihm das verdenken. Er nimmt das auf preußisch-territoriale Art übel, und zwar dem Leben, von dem man sich anderes versprochen hatte, den anderen Berlinern, die die Gentrifizierung nicht zu verhindern wussten, Helmut Kohl (dem man diesen Unsinn der „blühenden Landschaften" geglaubt hatte) und natürlich dem Zugereisten im Allgemeinen und im Besonderen.

Und wie sich später herausstellen sollte, ganz besonders mir.

Der Berliner an sich ist störanfällig. Er mag es nicht, wenn es laut ist (er schreit dann sofort gellend nach „Ruhe!"), wenn der Verkehr nicht fließt (weshalb man, noch bevor die Ampel richtig grün ist, schon wütend angehupt wird), wenn zum Beispiel etwas anders ist, als es immer war. Er kann es vor allem überhaupt nicht leiden, wenn man Regeln bricht, denn „die sind nun mal da und müssen befolgt werden", wie mir ein Radfahrer im Wald einmal mitteilte, der zwar auf einem eigens als Fußgängerpfad ausgewiesenen Weg einher radelte, gleichzeitig aber nicht dulden wollte, dass meine Hunde ohne Leine herumliefen.

Ich muss vorausschicken, dass für mich persönlich Wohlerzogenheit und ein freundlicher Umgangston extrem wichtig sind. Meine Freunde machen sich über mich lustig, weil ich zu meinen Hunden nicht „Hierher!" sage, sondern „Luise, komm' bitte zu mir!" oder „Ida, mach' bitte Sit!" und mich anschließend brav bedanke. Wenn ich im Garten grabe und dabei versehentlich eine Bastion Ameisen in Aufruhr bringe, entschuldige ich mich reflexartig und versuche, die Verletzung des Erdreichs wieder in Ordnung zu bringen. Ich grüße im Wald artig und erwarte, dass man das ebenso freundlich oder wenigstens gefühlsneutral erwidert, falls man gerade einen schlechten Tag hat. Übrigens ist das Grüßen eines Fremden im Wald eine internationale Beschwichtigungsgeste: Ich bin kein Mörder, hoffentlich bist du auch keiner, heißt das eigentlich, weil man davon ausgeht, dass es sich schwerer mordet, wenn man einander wenigstens einmal in die Augen gesehen hat.

Mein allererster Menschenkontakt im Bucher Forst war an einem sonnigen Sonntagmorgen, an dem meine Hunde und ich friedlich und versonnen einen Spaziergang machten, als wir einer Familie begegneten, bestehend aus Vater, Mutter, Kind und Großvater, die zehn Meter vor uns in einen Seitenweg abbogen. Der Großvater betrachtete meine Hunde, bewundernd, wie ich selbstverständlich in meiner kleinen „Happy dogs, happy people"-Welt annahm, und wünschte ihm freundlich einen guten Morgen. „Es wäre ein besserer Morgen, wenn Sie die Hunde anleinen würden!" schnauzte er. Ich war völlig baff, hielt dieses Verhalten aber für eine einmalige Entgleisung.

Irgendwann war ich mit den Hunden und dem Fahrrad unterwegs. Ich fahre einen alten Cruiser, ein schweres amerikanisches Rad mit relativ breiten Reifen, das mich seit meinen Zeiten in Amerika sicher durch Verkehr, Wald und Wiesen trägt. Aus irgendwelchen Gründen, die ich nicht mehr weiß, landete ich mitsamt Fahrrad im Graben neben dem Weg, wo ich einen Lachanfall bekam, während die Hunde mich vollkommen ratlos betrachteten. Neben uns hielt ein anderer Radfahrer, sah interessiert auf mich herunter, wie ich kichernd auf dem Rücken unter meinem Fahrrad lag. „Alles ok?" fragte er. „Ja, ich bin irgendwie mit dem Rad ausgerutscht, aber mir geht's gut", meinte ich. „Dann ist ja gut", meinte der Mann und fuhr beruhigt weiter. Wie bitte?

Irgendwie schaffte ich es, alle meine Kräfte zusammenzunehmen und mich und das Rad wieder aus dem Graben herauszubefördern. Auch ohne Hilfe.

Ein paar Wochen danach traf ich in meinem einsamen Wald eine junge Frau mit einem Jack Russell Terrier. Unsere Hunde hielten sich, wie Hunde eben so sind, nicht lange mit gesellschaftlicher Zurückhaltung auf und begannen auf einer Wiese ein Spontanspiel, fernab vom Hauptweg, auf dem etwa 300 Meter entfernt ein Jogger nahte. Er war so weit entfernt, dass nicht einmal Harry, der über einen unfehlbaren Jogger-Detektor verfügt, ihn als interessant, weil beweglich und jagbar empfand. Aus den Augenwinkeln bemerkte ich, wie der Jogger auf dem Weg unschlüssig stehen blieb und in unsere Richtung sah, bevor er sich einen offensichtlichen Ruck gab und auf uns zu lief, die wir etwa 70 Meter entfernt von seiner eigentlichen Route standen und plauderten.

„Leinen Sie Ihre Hunde an!" sagte er anstelle einer Begrüßung. „Nein, dann können sie ja nicht mehr miteinander spielen", erwiderte ich freundlich und wollte mich wieder der Unterhaltung mit der jungen Frau zuwenden, die mir gerade spannenderweise erzählt hatte, dass sie Kriminalkommissarin war und anders, als man das aus dem Fernsehen kennt, keineswegs immer zu den Ersten an einem Tatort gehörte, sondern eher zu den allerletzten, falls sie überhaupt zum Tatort gerufen wurde und man nicht von ihr und ihren Kollegen erwartete, den Mord kostensparend am Schreibtisch aufzuklären.

Der Jogger interessierte sich offensichtlich für ganz andere Verfehlungen der Gesellschaft und wiederholte sein Gesuch, wir mögen unsere Hunde anleinen. Keine Bitte, keine Angabe von Gründen, nur ein Befehl. „ Warum denn?" erkundigte ich mich schließlich, denn die Höflichkeit gebietet es ja, ein Gegenüber einigermaßen ernst zu nehmen. „Hier ist Leinenzwang!" (Wenn ich jedesmal, wenn ich dieses Wort zu hören bekam, einen Euro bekommen hätte, wäre ich heute steinreich). „Aber im Augenblick stören die Hunde niemanden, sie spielen miteinander und beeinträchtigen keinen", sagte ich. „Hunde können einen anfallen!" sagte der Jogger. Fritz oder der Jack Russell gerieten beim Spielen etwas mehr in seine Nähe. „Sehen Sie das nicht?" „Doch, das sehen wir", erwiderte ich. „Die spielen. Sie kommen über hundert Meter angelaufen, um uns zu erklären, dass Hunde gefährlich sein können, dabei würdigen die Hunde Sie keines Blickes. Laufen Sie doch einfach weiter. " Der Mann starrte mich an und meinte dann, er könne ja wohl laufen, wo es ihm passte, wir hatten kein Recht, unsere Hunde frei laufen zu lassen. „Und was machen Sie eigentlich, wenn jemand Angst hat?" „Sie haben aber keine Angst", erwiderte ich. „Nein, ich nicht. Aber stellen Sie sich vor, ich wäre eine alte Dame, die sich dann beim Anblick der Hunde erschreckt und hinfällt! Was wäre denn dann?"

Erstaunlich, nicht? Hätte wäre wenn ... Bis zur Schmerzgrenze im Tonfall eines Pastors, der längst glaubt, ein Kardinal zu sein, verkündete der Hundeattackenexperte hochtrabend Banalitäten, die kein Vorschulkind interessiert hätten. Die Kommissarin blickte ihn genervt an. „Ey, werd' doch mal konkret, Alder", sagte sie. „Du läufst weiter auf deiner Trasse, die Hunde spielen hier, und allet is' jut. Und wenn du dich jetzt nich' bald vom Acker machst, gibt's 'ne Anzeige wejen Belästigung. Kostet mich 'n Fingerschnippen. Irgendwann isset jenuch."

Der Jogger murmelte etwas von „unbelehrbar", und trabte von dannen. Irgendwann isses eben genug.

7

Von der von aller Welt prognostizierten Vereinsamung konnte keine Rede sein: Der Besucherstrom wollte nicht abreißen. Ich war ein willkommenes Ausflugsziel für alle jene, die sich seit dem Fall der Mauer vor zwanzig Jahren nie aus der Stadt herausgetraut hatten. Die Tatsache, dass ich nun ländlich lebte und vor allem: *über*-lebte ohne Espressobar an der nächsten Ecke, Supermarkt quer über die Straße und Lieblingsitaliener daneben, versetzte alle meine Freunde in romantisch-ekstatische Stimmung.

An den Wochenenden backte ich und briet, was das Zeug hielt. Bereits donnerstags machte ich mir Gedanken über die Menüplanung und stand bis Freitag bis zum Ellenbogen im Teig, um Schokoladenkuchen zu backen, Schokoladenmuffins, Schokoladen-Tarte. Im Supermarkt wurde ich bald an der Kasse gefragt, wie viele Kinder ich denn hätte – weil ich so viel Schokolade einkaufte. Ich habe festgestellt, das Schokolade beruhigt, vor allem jene Gäste, die ungünstig zwischen zwei Mahlzeiten angekommen sind und noch etwas warten müssen. Jedes Wochenende fielen sie hordenartig über mich herein, um dann seufzend vor meinem Haus zu stehen und auszurufen: „Du hast es richtig gemacht! So viel Platz zum Denken, für die Sinne! – Man sollte nicht in der Stadt leben, einem Ort, der einen beständig zwingt, alle Sinne abzuschalten, um nicht völlig irre zu werden!" Sie wälzten sich auf meinem Rasen, auf meinen Sofas und schwärmten von der Stille und den Baumkronen. „Ich möchte auch an einen Ort, der mich ermutigt, die Augen zu öffnen!" sagten sie, die sich ansonsten am liebsten in trendigen Restaurants und lauten Stadtteilen aufhielten. „Die Stille hören! Die Nase und Geschmacksnerven zu ganz neuen Höhen bringen!“ Das taten sie, indem sie sich bekochen ließen, meinen Kuchen verschlangen und begeistert verkündeten, wie selbstgemacht er schmeckte (was daran lag, dass er selbstgemacht *war* – aber das war er auch, als ich noch in der Stadt wohnte). Natürlich brachten sie ihre Hunde mit und ihre Kinder sowieso, die angesichts des vielen Platzes und der ungeahnten Möglichkeiten, sich unglaublich dreckig zu machen, völlig außer Rand und Band gerieten. Sie tobten durch die tiefen Matschpfützen, die die Lastwagen vor der Tür hinterlassen hatten (die anderen Sanatoriumsgebäude wurden ja noch saniert), sprangen begeistert in den moorigen Teich auf der riesigen Wiese hinter unserem Park und hatten ganz offensichtlich eine Art Freiheitskoller, der ihren Eltern das Herz erwärmte.

Einmal kamen entfernte Bekannte, die mal sehen wollten, ob ein Leben auf dem Land eine Alternative für sie wäre. Sie brachten Betty und Bo mit, eine Foxterrierin und einen Großpudel-Rüden mit Originalschur, der sich direkt vor meinen Füßen übergab, weil er Autofahren nicht vertrug. Ich nahm es nicht persönlich. Betty hüpfte aus dem Wagen und begann ohne innezuhalten wie eine aufgezogene Hummel durch die Gegend zu pesen. Sie zoomte einen Hügel hinauf und wieder hinunter, die Zunge hing heraus, die Ohren flatterten im Luftzug: Sie war völlig überwältigt von so viel Platz. Bo war nicht weniger enthusiastisch. Als er sein Verdauungssystem wieder in den Griff bekommen hatte, trottete er hinter Betty her. Erst begann er zu traben, dann zu schweben: Ein großer, weißer Pudel mit plüschiger Frisur. Er sah aus wie ein Hund in einer Zeitlupen-Hundefutterwerbung, so schön, dass man jeden Moment damit rechnete, irgendjemand würde „Cut!“ rufen und Bo dann in seine Garderobe bringen, um seine Nase zu pudern. Die galoppierende Betty dagegen würde niemals in einer Hundefutterwerbung mitmachen. Foxterrier sind eher der Typ für Autorenfilme. Während die Hundeeltern noch völlig berauscht von der Natur und der dazu passenden Architektur waren, probierten sich die Hunde in ihrer Rolle als Landhunde aus. Bo mit seinem dicken, aufgebürsteten Pudelfell sah aus wie ein wandelnder Swiffer und hatte sich vollständig mit einer eindrucksvollen Auswahl verschiedenster Gräser und Blätter bedeckt. Betty, der saubere Mitte-Hund, entdeckte ihre Leidenschaft für tote Dinge: Ihre Schultern waren schwarz verschmiert und sie stank unbeschreiblich nach Aas. So konnte sie natürlich nicht ins Auto; also musste sie in meiner Badewanne gebadet werden. Während der Badewannenaktion lag Bo in meinem Wohnzimmer und versuchte, sich durch Wälzen auf meinem Teppich von den Gräsern, Blättern und dem Staub in seinem Fell zu befreien. Weil fast alle anderen im Bad waren und ihm langweilig wurde, frass er anschließend den Kuchen auf, den ich gebacken hatte.

„Du hast es wirklich wunderbar hier", sagten Bettys und Bos Besitzer, während sie ihre wie durch Zauberhand gesäuberten Hunde wieder ins Auto luden, während ich erschöpft die nassen Handtücher und die Berge von gebrauchtem Geschirr zusammen räumte. „Wir kommen gerne wieder!"

Wenn sie nicht selbst kamen, schickten sie mir ihre Kinder oder Hunde vorbei, oder beide zusammen. In den Köpfen aller Kinder- und Hundeeltern weit und breit hatte sich irgendwie die Vorstellung festgesetzt, dass ich jetzt auf dem Land nicht mehr arbeitete. Ständig kamen irgendwelche Kinder vorbei, um „mit den Hunden zu spielen" – hauptsächlich aber magisch angezogen von einer alten, sehr dekorativen Blechdose aus den 50er-Jahren, die mit schwarzen Pudeln bemalt war. Sie stand in der Küche und war randvoll mit Kaubonbons gefüllt. Wenn sie sich dann ausreichend den Magen mit dem süßen Zeug zugeklebt hatten, veranstalteten sie im Garten mit dem Schlauch und den Hunden wilde Wasserspiele, begleitet von ohrenbetäubendem Gekreische, was das „Nebenbei in Ruhe arbeiten" völlig unmöglich machte. Anschließend mussten die Kinder mit blaugefrorenen Lippen und die klatschnassen Hunde abfrottiert werden, ihre Kleidungsstücke in den Trockner geworfen und die Kinder in Decken gehüllt werden, bevor ich sie in den Hundebetten vor den Fernseher setzte, wo sie sich die pädagogisch wertvollen Videos von Astrid Lindgren ansehen durften. Die Hunde lagen dazwischen, ließen sich mit Popcorn füttern und dösten selig zwischen den kleinen warmen Kinderkörpern ein. Es war zu idyllisch, um an meinen Schreibtisch zu gehen. Schreiben konnte ich ja auch noch später, in den ungenutzten Stunden der Nacht zum Beispiel.

Ich hatte mich nach Ruhe gesehnt, nach der Sorte Alleinsein, die einem Zugang zur eigenen Phantasie ermöglicht. Ich wollte an einen Ort, an dem ich wirklich denken konnte, meine Gedanken kommen lassen und ihnen folgen als wären sie Ballons. Den Ort, den wahrscheinlich alle Schreiber suchen. Die Art, wo die Welt draußen ruhig und leise ist und man die Möglichkeit hat, genau hinzuhören und Gedanken aufzuschreiben, die man unter Ablenkung nicht einfach so hat.

Stattdessen befand ich mich in einer Art Bullerbü, und ich war der Mittelhof.

8

Unsere Anwesenheit blieb natürlich nicht unbeobachtet. Der Wiederaufbau des Sanatoriums hatte im Ort für einige Aufruhr gesorgt – noch mehr allerdings der Zaun drumherum und das Tor, das eigentlich nur das Wild draußen und die Kinder der einzuziehenden Familien im Gelände halten sollte, aber unter der Bevölkerung, die sich nun ausgesperrt fühlte, für ungeheure Spekulationen sorgte, was für wichtige Leute dort nun einziehen würden. Bisher war ich allerdings noch immer fast ganz alleine, bis auf eine direkte Nachbarin mit einer unglaublich dicken Kartäuserkatze, die, wenn sie meine Hunde am Zaun sah, sogar zu faul zum Blinzeln war, und einem Harley-Davidson-Sammler, der seine Harleys gerne direkt an meinem Schlafzimmerfenster vorbei donnernd ins Treppenhaus fuhr. Ich dagegen war mit meinen vier Hunden offenbar nicht zu übersehen, und hielt mich aufgrund der Hunderassen – zwei großen Pudeln, was hier niemand hielt, und zwei Italienischen Windspielen, was hier noch niemand gesehen hatte – wohl für etwas Besseres.

Ich fuhr zur Inspektion in die Autowerkstatt Volker Hidde. Als ich angerufen hatte, um einen Termin auszumachen, wurde mir erklärt, ich solle einfach vorbei kommen und dann an die Küchentür klopfen. Eine Autowerkstatt mit Küche? Als ich klopfte, kam Volker Hidde kauend aus der Küchentür. „Die Frau hat Pfannkuchen gemacht“, sagte er, als würde das alles erklären, und wischte sich die Hände an einem Handtuch ab. Er war ein kleiner, kahler Mann, dessen Liebesleben zumindest teilweise mit Tätowierungen auf seinen Armen dokumentiert war. Er betrachtete meinen Honda, sagte,

„Warten Sie kurz“, und fuhr den Wagen in seine Garage. Auf dem Hof liefen Hühner und ein paar Schäferhundmischlinge herum. Nach zehn Minuten war Volker Hidde wieder da. „Läuft gut“, sagte er. „Ich habe ’n Ölwechsel gemacht, alles andere ist in Ordnung.“ In Ordnung? Aus der Honda-Werkstatt war ich noch nie unter anderthalb Stunden herausgekommen und nie, ohne dass gewöhnlich irgendwelche überlebensnotwendigen Reparaturen von mindestens fünfhundert Euro anfielen. „Macht vierzig Euro“, sagte Volker Hidde. „*Vierzig Euro?*“ fragte ich fassungslos. Er betrachtete mich, während er versuchte zu verstehen, was mein Problem war. „Sie können auch nächste Woche zahlen, wenn es gerade nicht geht“, sagte er.

Ich gab ihm einen Fünfzigeuroschein. Er steckte ihn in seinen Stiefel und holte dabei zwei Fünfer heraus, die er mir gab. „Raus da, Mandy!“ rief er einem Schäferhund zu, der gerade in mein Auto gesprungen war. „Ist okay“, sagte ich. „Ich habe selber Hunde. Zwei Pudel.“

Volker Hidde starrte mich an. „Also: Großpudel“, beeilte ich mich hinzuzufügen, „nicht diese kleinen, nervösen Zwerpudel.“ „Ach, *die* sind Sie“, sagte er. *Die* war ich? Hatte ich schon einen Ruf weg?

Ich fragte ihn, ob er einen Gärtner wüsste, der mir helfen könnte, große Beete anzulegen. „Volker Hidde“, antwortete er. Er sah, wie ich verwirrt auf sein Werkstattschild blickte, auf dem definitiv „Volker Hidde“ stand. „Nicht ich“, sagte er. „ Ein anderer Volker Hidde. Nicht verwandt. Wollen Sie seine Nummer?“ „Sie müssen aber nach dem Sohn fragen“, sagte er, als er mir den Zettel mit der Nummer reichte. „Sein Vater heißt nämlich auch Volker. … Ach, ich ruf’den mal eben an für Sie.“

Es gibt noch *zwei* Volker Hiddes?

„Hallo, Volker?“ sprach er in sein Handy. „Hier is’ Volker. Is’ Volker da? Was? Nee, diesmal habe ich keine Post für dich bekommen. Nee, alles, was im Briefkasten war, war für mich. Ja, klar, ich warte.“

Er sah mich an. „Volker und ich haben uns zur gleichen Zeit scheiden lassen", erklärte er mir sein Telefonat. „Manchmal vertauscht der Briefträger versehentlich unsere Post." Ich nickte verständnisvoll. „Hallo, Volker?", sagte er dann. „Ich habe Kundschaft für dich. Die Neue mit den Hunden. Ja, sie steht direkt vor mir."

Die Neue mit den Hunden.

Volker machte mit Volker einen Termin für den nächsten Tag aus, damit er sich mal meinen Garten ansehen konnte. Ich dankte ihm für die Inspektion und den anderen Volker, dann fuhr ich nach Hause und dachte darüber nach, ob einem so ein Vormittag auch in der Stadt passieren könnte. Wohl eher nicht.

9

Volker Hidde, der Gärtner, half mir dabei, Beete anzulegen. Ich hatte lange von einem Garten geträumt, in dem ich meine Leidenschaft für Hortensien und Rhododendren ausleben konnte. Ich hatte mir ausgemalt, in meinem grünen Paradies in einer Hängematte zu liegen und dem Vogelgesang zu lauschen, während meine Hunde sich zufrieden im Gras wälzten und so entspannt waren, dass sie gerne auch mal auf einen Spaziergang verzichteten. Ha! Hunde und Gärten sind eine Art Oxymoron, ein Widerspruch in sich. Hunde – zumindest meine – haben nicht einmal den Ansatz eines grünen Daumens und nicht das geringste botanische Verständnis. Jedenfalls entsprach ihr Verständnis nicht dem meinen, was sich deutlich zeigte, als ich den ersten tiefen Krater mitten auf meinem ganz jungen, unschuldig-zartgrünen Rasen entdeckte: Ein Loch, so tief, dass es direkt nach Australien zu führen schien. Dabei war es nicht so, dass sie den Rasen nicht schätzten: Sie benutzten ihn als eine Art Skating-Bahn, auf der sie mit eisenharter Konzentration im Blick ihren Spielsachen hinterher schlitterten, sich auf sie stürzten und dabei tiefe Krater im weichen Boden hinterließen. Meiner Gärtnerehre bewusst säte ich ständig nach, weshalb mein Rasen bald merkwürdige Streifen in verschiedenen Grüntönen bekam, je nach Alter der Gräser. Es sah aus wie angepflanzte Kunst.

Als Dünger eigneten sich eigentlich nur Hornspäne oder Pferdeäpfel, mit denen es unmöglich ist, die Erde zu überdüngen, außerdem sind sie nicht giftig für Haustiere. Meine Hunde fanden sie köstlich, besser noch als die Katzenkacke, die die schwarze Katze des Nachbarn in unseren Beeten morgens hinterließ, bevor die Hunde in den

Garten gelassen wurden. Die Hunde fraßen mit Begeisterung die Hornspäne und die Pferdeäpfel. Als wir abends einen spannenden Film ansahen, breitete sich im Wohnzimmer ein unangenehmer Geruch aus: Die Hunde mussten dauernd aufstoßen von dem unverdaulichen Hornzeug. Schließlich entledigten sie sich der schwerverdaulichen Kost, indem sie alles auf den Teppich kotzten. Anschließend verlangten sie, in den Garten gelassen zu werden, um zur Beruhigung ihrer Magensäfte gemeinsam Gras zu fressen. Ich erzähle Ihnen jetzt nicht, wie die Nacht weiter ging.

Es stellte sich heraus, dass der Garten trotzdem keine Alternative für Spaziergänge war. Das Gras schien bald sehr strapaziert von dem scharfen Hundeurin, der gelbe Flecken in den Rasen brannte. Von oben sah es aus, als hätten mittelalterliche Trolle geheime Botschaften in meinem Garten hinterlassen.

Im Herbst versenkte ich ungefähr sechshundert Zwiebeln von Tulpen, Narzissen, Taubenhyazinthen, Krokussen und Herbstzeitlosen in ausgeklügelten Farbmustern und stellte mir dabei den blühenden Frühlingsteppich vor, der mich ab März erfreuen würde. Ich ging für etwa fünfzehn Minuten ins Haus, um mir eine Tasse Tee zu machen. Als ich zurück kam, lagen sämtliche Blumenzwiebeln wieder ausgegraben in wilden Haufen im Garten, Luise, Ida und Fritz stolz daneben, dankbar, dass ich ihnen eine so lustige Schnitzeljagd ermöglicht hatte. Sie schienen nur nicht recht zu verstehen, warum ich nicht etwas Sinnvolleres vergraben hatte, womit sie tatsächlich etwas anfangen konnten, einen vergammelten Fischkopf zum Beispiel.

Ich grub alle Zwiebeln wieder ein, aber mein ursprünglicher Enthusiasmus war verflogen. Ich hatte keine Ahnung mehr, welche Blumen nun an welchen Stellen hervorkommen würden, ich konnte nur die Taubenhyazinthen zuverlässig von allen anderen Zwiebeln unterscheiden, weil sie so klein waren. Ich überlegte eine Weile tatsächlich, ob ich den ganzen Garten einfach pflastern solle.

Hunde zu haben ist jeden Tag aufs Neue eine Lektion in Gelassenheit. Man sollte sie in Zen-Klöstern ins Schulprogramm für werdende Dalai-Lamas aufnehmen. Es würde den Zen-Studenten unendlich viel Ausbildungszeit ersparen.

10

Bis zum Herbst waren viele Nachbarn in das ehemalige Sanatorium gezogen, wir waren nicht mehr allein. Es waren hauptsächlich junge Familien mit kleinen Kindern oder Hunden oder beidem, fast alle nett – nur die nicht, die Katzen hielten. Als ehemalige Städter fanden sie es völlig normal, wenn ihre Katzen überall herumspazierten und in die Beete und Sandkästen machten – aber wehe, irgendein Hund jagte sie! Dann brachen Nachbarschaftskriege aus, bei denen vor den übelsten Beschimpfungen nicht halt gemacht wurde. Ein Katzenhalter hielt den töffeligen Labrador einer Nachbarin drei Stunden lang in seiner Küche eingesperrt, nachdem dieser – wohl mehr aus Versehen – in seinen Garten spaziert war, um der völlig aufgelösten Besitzerin „eine Lektion zu erteilen". Wenn seine Katzen Zaunkönigbabies nach Hause brachten, wurden sie als raffinierte Jäger gelobt. Als der Jack Russell eines Nachbarn sich losgerissen hatte und laut kläffend ein Reh verfolgte, filmte der Katzenbesitzer dies und schickte das Video an die Hausverwaltung mit einem Begleitschreiben, in dem er den Abschuss des Hundes empfahl. Als eine seiner Katzen eines Tages direkt neben meinen Hunden, die mit Wühlmausausgrabungen beschäftigt waren, aus dem hohen Gras hoch schoss und reflexartig von meinen Hunden verfolgt wurde, bis sie sich auf einen Baum rettete, erklärte er mir, wenn seiner Katze jemals etwas passieren würde, würde ich „meines Lebens nicht mehr froh": Die Tierliebe geht bei manchen Leuten nicht sehr weit, sie hört schon bei ihrem eigenen Tier auf, obwohl sie das selbstverständlich massiv bestreiten würden, spräche man sie darauf an.

11

Ich drehte weiterhin meine Runden in Wald und Feld. Auf dem Land wird man täglich daran erinnert, wie lang vier oder gar acht Wochen in Wirklichkeit sind. Alles ändert sich innerhalb dieser Zeit, die Farben, die Temperaturen, die gesamte Vegetation. Innerhalb von vier Wochen entsteht Leben, lernt laufen, fressen, fliegen und reist unfassbare Kilometer in den warmen Süden, es grünt und wächst, oder vergammelt, vertrocknet und stirbt. Im Nullkommanix wird aus Sommer Winter, der sich mit den trüben Novembertagen ankündigt: kalt und feucht, nasses Laub auf dem Boden des kahlen, nebeltropfenden Waldes. Am Rande der Felder noch ein paar blattlose Feldrosen, an denen vergessene Hagebutten hängen, der Lehm klammert sich an die Sohlen der Gummistiefel. Für Menschen ist der November oft ein trauriger Monat, mit dem der Abgesang aufs Jahr anfängt. Die Hunde sahen das nicht so melancholisch, sie liefen begeistert mit der Nase am Boden über den vollgesogenen Waldweg, und während ich ihnen folgte, befand ich mich plötzlich in einer Wolke aus Fuchswitterung – Ida hatte sich offensichtlich enthusiastisch in Fuchspipi gewälzt: Was dem einen der Geruch von Weihrauch, ist dem anderen ein erdigeres Aroma. Das Blöde ist nur, dass Fuchspipi nur sehr schwer aus dem Pudelfell zu entfernen ist; meistens braucht man fast eine ganze Flasche Shampoo dazu, und der Spaziergang bekommt eine ganz andere Note, ein Aroma, das einem die bevorstehende Baderei keinen Moment vergessen lässt. Fuchswitterung findet man natürlich das ganze Jahr, aber im November riecht sie irgendwie intensiver. Ich fragte Ida, ob sie irgendeine Ahnung habe, wie ekelhaft sie rieche. Ida vibrierte förmlich vor lauter Begeisterung für das, was sie offenbar als Applaus meinerseits missverstand. Jedes haarige Molekül ihres biegsamen Körpers strahlte Freude aus. Ich hatte beinahe ein schlechtes Gewissen. Meinen Hunden ist es völlig schnuppe, wie ich rieche, ob ich einen Abgabetermin vergurkt habe, ob ich ein schlechter Journalist bin oder jemand, der sich mit Entscheidungen schwer tut (jedenfalls, solange ich mich schnell entscheide, was sie zu fressen bekommen). Sie meinen wirklich mich, wenn sie sich über mich freuen, die Person, die ich tatsächlich bin, auch wenn ich meine Mutter anschnauze oder einen Freund zu scharf kritisiere, oder wenn ich vor lauter Frustration wegen eines Artikels heule, der nicht gut genug wird.

Es war mittlerweile fast vollständig dunkel. Ich kehrte mit der stinkigen Ida und den anderen Hunden um, die mit großem Juhu in vollem Lauf hinter mir herjagten – bis sie an einem Graben plötzlich eine Vollbremsung einlegten. Sie waren aufgeregt, Harry kläffte nervös, und ich wollte sie abpfeifen – aber Luise zeigte mir sehr deutlich, dass ich mir etwas ansehen sollte, sie lief zu mir und wieder zum Graben, wieder zu mir und wieder zurück. Ich glaubte natürlich, irgendein Tier säße dort, und konnte schemenhaft etwas kleines, dunkles erkennen – eine erforene Amsel, dachte ich, bis ich ein winziges Fiepen hörte. Ich kletterte in den Graben und sah mir genauer an, was dort hockte: Es war ein winziger Hund, so groß wie meine Hand, mit nacktem Babybauch, ein kleiner kurzhaariger Rüde. Ich steckte ihn in die Weste unter meiner Jacke und lief eilig nach Hause – im dunklen Wald konnte ich nicht feststellen, was ich da gefunden hatte. Einen Wegwerf-Hund. Winzig, nicht einmal so groß wie eine Amsel, viel zu klein, um schon ohne Mutter zu sein, viel zu klein, um überhaupt schon draußen zu sein bei dieser Kälte, geschweige denn, sie zu überleben. Bei Licht betrachtet, war es ein höchstens vier Wochen alter Pinschermischling, den ich da unter meinem Herzen in der Daunenjacke trug. Er wog 720 Gramm bei einer Schulterhöhe von 12 Zentimetern – ein Meerschweinchen hätte wie ein Pit Bull neben ihm gewirkt. Er hatte noch kaum richtige Zähne, einen aufgeblähten Bauch und war völlig unterkühlt. Wieso hatte dieses winzige Ding im Graben gesessen? Wer hatte einen so kleinen Welpen verloren – oder war er ausgesetzt worden? Ich lieh mir von einer Nachbarin eine Infrarotlampe, baute ein Kinder-Reisebett auf, das ich für Besuchs- und Patenkinder im Keller hatte, legte es mit Wickelunterlagen aus (was man als sechzehnfache Patentante nicht alles im Haus hat!) und baute ihm ein kleines Nest. Ich hatte natürlich kein Welpenfutter oder keine Welpenmilch da, also bastelte ich eine Kindernahrung aus einem lauwarmen Brei aus Haferflocken und Rinderhack, das ich mir von einer anderen Nachbarin besorgte. Außerdem gab ich ein wenig „Stullmisan" dazu, was ich immer bei meinen Onkels gesehen hatte, wenn diese Bauchweh-Welpen versorgten. Stullmisan ist ein pflanzliches Pulver, das natürliche Gerbstoffe enthält und bei Durchfällen aller Art (also infektiös oder ernährungsbedingt) eingesetzt wird und durch die darin enthaltenen Spurenelemente sehr gut bei Magenerkrankungen wirkt. Die anderen Hunde verfolgten sehr interessiert, was ich da machte: Der winzigkleine Hund verschlang den Brei gierig und hatte anschließend sofort scheußlich stinkenden Durchfall. Dann wankte er wackelig in die Höhle, die ich ihm aus einem Webpelz-Sack gebaut hatte, und schlief den Schlaf der zu Tode Erschöpften.

Max, wie ich ihn nannte, war ein Pinscher- oder Rattler-Mischling und noch so klein, dass er kaum geradeaus laufen konnte. Man musste davon ausgehen, dass er ein Hundehändlerhündchen war, produziert für all jene, die für billiges Geld so etwas wie einen Chihuahua haben wollen, aber nicht bereit sind, die 1 000 Euro dafür zu bezahlen, die ein seriöser Züchter für sorgfältig aufgezogene Welpen verlangt. Hündchen dieser Art werden zu Tausenden im Jahr in den benachbarten Oststaaten produziert. Die Hündinnen verbringen ihr Leben in engen Käfigen, sehen nie Tageslicht oder frische Luft, werden bei jeder Läufigkeit belegt, aber ihre Welpen werden ihnen viel, viel zu früh weggenommen, weil sie dann eben noch kleiner und niedlicher sind und sich so gewöhnliche Mischlinge als „Chihuahua-Mix“ verscherbeln lassen. Viel wert ist dieses kleine Leben nicht, das im Kofferraum über die Grenze gebracht wird: Mit 200 oder 300 Euro ist man dabei. Später begann ich zu recherchieren, und stellte fest, dass die Berliner Amtstierärzte solche Welpen andauernd konfiszieren und die Händler mit Geldstrafen von etwa 1 500 Euro belegt werden, was sie aber nicht weiter beeinträchtigt: Das gehört zum Berufsrisiko.

Ich weiß natürlich, dass wir eine Wegwerfgesellschaft sind. Ich glaube, es begann mit Wegwerf-Unterhosen, dann kamen Wegwerfkameras, längst gibt es Wegwerf-Handys, die 20 Euro kosten, auf Prepaid-Basis funktionieren und nur für den Notfall gedacht sind. Wenn das Guthaben aufgebraucht ist, schmeißt man es weg. Der Hersteller nennt es eine „optimale Billiglösung“.

Max, der, wie sich herausstellen sollte, unter massivem Durchfall litt, war dem Händler oder dem neuen Besitzer – wer immer ihn in den Graben geworfen hatte – das Geld nicht wert, was ein Besuch beim Tierarzt und ein paar Medikamente gekostet hätten. Wie er allerdings ausgerechnet in unserer einsamen Waldgegend gelandet war (theoretisch hätte man ihn ja auch einfach aus dem Auto werfen können), wird sein Geheimnis bleiben.

Aber er hatte Glück gehabt. Bis auf eine Unterkühlung hatte ihm der Aufenthalt im Graben nicht geschadet. Die Tierärztin und ich waren uns sicher, dass er unter massiven Giardien litt. Obwohl es uns das Herz zerriss, diesen winzigen Hundekörper mit Medikamenten zu traktieren, kamen wir nicht drumherum: Sein Durchfall war so wässrig, dass eine Nährstoffaufnahme, die in diesem Stadium lebensnotwendig war, nicht stattfinden konnte. Max schien es nichts auszumachen: Er verspeiste die scheußliche Panacur-Paste, als wäre es Leberwurst, und sah sich anschließend um, ob es noch mehr davon gäbe. Er fraß wie ein Scheunendrescher, was gut war, denn so konnte man der Entwässerung durch den Durchfall gut entgegenwirken. Noch wollte ich seine Welt so klein wie möglich halten. Er schien sich in seinem Kinder-Apartment im Reisebett sehr wohlzufühlen, jammerte nie und schlief auch nachts ganz brav darin. Weil ich das ganze Bett mit den Wickelunterlagen ausgelegt hatte, war es ganz leicht, ihn sauber zu halten.

Die Begeisterung meiner Hunde war unterschiedlich: Luise war ganz entzückt von ihm, saß den ganzen Tag neben dem Kinderbett und guckte ihm zu, als sei es eine Hunde-Reality-Show, Harry ebenfalls, während Fritz sich nicht sicher war, welche Auswirkungen die Tatsache auf sein weiteres Leben haben würde, dass er nun schlagartig den Jüngsten-Status verloren hatte. Ida fand Welpen doof, knurrte und weigerte sich ab jetzt, mein Arbeitszimmer zu betreten, in dem das Kinderbett mit Max stand: Sie wollte immer erst dann etwas mit jungen Hunden zu tun haben, wenn die wenigstens vier Monate alt und damit belastbarer waren.

Nach ein paar Tagen hatte Max sich so weit erholt, dass er bereit war für größere Ausflüge. Er wackelte durchs Wohnzimmer, wo sich alle anderen Hunde auf ein großes Hundebett verzogen hatten und ihn von dort aus misstrauisch beobachteten. Max schien sich ziemlich sicher, dass er im Spielzeugparadies gelandet war: Er stürzte sich wild knurrend auf die riesigsten Spielsachen und schleppte sie herum, wobei er sich bewegte wie ein Wesen aus der Augsburger Puppenkiste. Harry und Fritz konnten die Übernahme ihrer Spielsachen schließlich nicht mehr mit ansehen und waren ununterbrochen damit beschäftigt, alle Spielsachen, für die sich Max interessierte, wieder einzusammeln und woanders hinzutragen. Gleichzeitig gaben sie wahnsinnig an vor ihm und machten all die Dinge, die er noch nicht konnte: Sie hopsten mit einem eleganten Satz auf Sessel und wieder herunter, warfen mit Gummi-Enten um sich, an die er sich noch nicht herantraute – aber er zeigte sich an allem sehr interessiert und wäre auch sehr, sehr gerne in das große, gestreifte Hundebett eingestiegen, in dem die anderen lagen. Er war sich nicht ganz sicher, ob ihm das erlaubt war – und außerdem schaffte er es nicht alleine hinein.

Davon abgesehen schien er wirklich ungeheuer schlau zu sein: Er pieselte ausschließlich auf die Wickelunterlagen, die jetzt – sehr dekorativ – strategisch günstig überall in der Wohnung auslagen. Wenn er im Wohnzimmer spielte, raste er plötzlich ganz aufgeregt los, als habe er einen wichtigen Termin vergessen und suchte die Unterlage in der Küche. Das war wirklich sehr aufmerksam von ihm, denn es war einigermaßen schwierig zu erkennen, ob er gerade sein Hinterteilchen senkte: Bei nur 12 Zentimetern Schulterhöhe war es leicht, einen 45-Grad-Winkel zu übersehen.

Am Tag, nachdem wir Max gefunden hatten, begann es unerbittlich und Tag und Nacht zu schneien. Die bisherigen schmutzigen Braun- und Grautöne versanken im Schnee, der sich auf alles legte, auf Straßen, Autos, Bäume und Büsche, auf Gleise und Autobahnen. Das Wetter ist unbestritten ein Naturphänomen, dessen Widrigkeiten der Mensch nur eines entgegensetzen kann: Bändigung durch Schutz und Vorsorge.

In Berlin allerdings muss erst geräumt werden, wenn es wenigstens fünf Stunden lang nicht schneit, und nachdem eine solche Schneepause nicht eintrat, versetzte der Schnee Berlin in einen Ausnahmezustand. Auf den Bürgersteigen entstand eine abenteuerliche Mischung aus Eis, Rollsplit und Dreck, sodass jeder kurze Gang zum Bäcker zu einer alpinen Herausforderung wurde. Die Schnee- und Eisberge türmten sich meterhoch, wer versuchte, sein unwirsch aufheulendes Auto mit durchdrehenden Reifen aus seiner Parklücke zu befreien, scheiterte im Kampf mit den widrigen Elementen. Räumungsfahrzeuge donnerten mit 55 km/h über die Landstraßen, ungeachtet der physikalischen Tatsache, dass sie in diesem Tempo den Schnee nicht etwa räumten, sondern in eine spiegelglatte Eisbahn verwandelten. Erst nach Wochen, in dem die Hauptstadt in diesem absurden Zustand verharrte, begannen die Stadtoberen sich zu fragen, ob das alles wirklich ein unabwendbares Naturereignis sei, oder möglicherweise durchaus beeinflussbar gewesen wäre, indem man zum Beispiel rechtzeitig Straßen und Wege geräumt hätte, bevor es taute und wieder fror und wieder taute und erneut fror. Aber Berlin hat eine sehr, sehr hohe Leidensfähigkeit, ein starkes Durchhaltevermögen. Manche erinnerte das alles an die Berlin-Blockade von 1948, und die ging ja schließlich auch irgendwann zu Ende.

Im Wald sah das Schneechaos ganz anders aus. Geräumt wurde auch bei uns nur unzulänglich, aber mir war das egal: Weil ich von zu Hause arbeite, musste ich ja nirgendwo hin. Die Hunde und ich bahnten uns den Weg durch den hohen Schnee, bis weder Luise, noch Ida aufgrund der Schneeklumpen im lockigen Fell und unter ihren Achseln weitergehen konnten. Die Windspiele hatten es etwas besser: Bis über die Ohren in warme Anoraks eingepackt, die aus Funktionsmaterialien hergestellt und dick gefüttert waren und fast genauso viel kosteten, wie meine eigenen, marschierten sie in unserem Windschatten hinter uns her. Wen ich mir überlege, wie wir ausgesehen haben müssen: Eine große Frau, der im Gänsemarsch zwei schneeverzierte Pudel und zwei dick eingemummelte dünne Windhunde folgten – kein Wunder, dass da draußen alle dachten, ich sei ein bisschen komisch.

Der Winter war hart, der Schnee hoch. Man sah vereinzelt Rehe herumstehen, die hier offensichtlich nicht gefüttert wurden, wie ich das aus anderen Revieren kannte.

Ich dagegen übernahm die selbstgestellte Aufgabe, die Singvögel der Umgebung vor dem sicheren Hungertod zu bewahren. Weil ich zwischenartliche Konkurrenzkämpfe, unterschiedliche Nahrungsbedürfnisse und außerdem meine Kurzsichtigkeit berücksichtigen musste, wenn ich den Vögeln bei der Fütterung zusehen wollte, richtete ich in meinem nicht furchtbar großen Garten sechs verschiedene Futterplätze ein. In der Morgendämmerung eilte ich im Schlafanzug mit Winterstiefeln durch den Garten, hängte Meisenknödel und Müslizapfen auf, füllte schalenfreie Kerne und getrocknete Früchte ins Vogelhaus und Erdnüsse in Futtersilos, verteilte süßliche Äpfel auf dem Boden und streute für die bodennahen Vögel (wie Amseln, Goldammern, Rotkehlchen und Grünfinken) Futter auf den Boden. Jede Stunde lief ich mit kochendem Wasser nach draußen, um die Vogeltränke aufzutauen (eine Meise schien die Vogeltränke mit einer Thermalquelle zu verwechseln und unternahm mitten im Winter ein ausgiebiges Bad in dem noch warmen Wasser. (Ist ja nicht so, als nähme ich meine Verantwortung für die Mitkreaturen nicht ernst.)

Sobald ich die Terrassentür wieder hinter mir schloss, verwandelte sich mein Garten in einen internationalen Flughafen. Ich zählte fünf verschiedene Meisenarten, Rotkehlchen, Türkentauben, einen einsamen Spatz, Kleiber, mehrere Gimpel, verschiedene Finken und einen Zaunkönig, mehrere Bunt- und zwei Schwarzspechte und einen kleinen Zilpzalp. Außerdem ungefähr 25 Amseln, die wie unheilvolle Friedhofsboten schwarz und aufgeplustert auf dem Zaun saßen und den Eichelhähern zusahen, wie sie ins Vogelhaus einfielen und wenig höflich alles, was ihnen nicht hundertprozentig zusagte, erbarmungslos herausfegten. Innerhalb kürzester Zeit verfütterte ich pro Woche 20 Kilo Futter. Offenbar ernährte ich sämtliche Vögel aus ganz Berlin und Brandenburg, aber wie ich das wieder eindämmen konnte, wusste ich auch nicht. Es ging mir ein bisschen wie Angela Merkel mit den Flüchtlingen.

Die Hunde betrachteten meine winterlichen Vogelnahrungsengpass-Überbrückungsmaßnahmen als ihr persönliches Vogel-TV-Programm. Sie saßen den ganzen Tag vor der Terrassentür und starrten nach draußen, als würde ihnen dort eine Hundeversion von Hitchcocks „Die Vögel" geboten. Wenn die Eichelhäher sich kloppten – was ungefähr alle acht Minuten vorkam –, wuffte Luise mahnend: Sie duldete keine Auseinandersetzungen auf ihrem Terrain. Eines morgens sah ich, wie sie versuchte, die Meisenknödel zu fressen, was ich mir nur mit Futterneid erklären konnte: Dass Meisenknödel gut schmecken, glaubt doch kein Mensch. Obwohl ich selbstverständlich nur das Allerbeste füttere, bio-zertifiziert, handverlesen und nährstofftechnisch ausgeklügelt. Bei der Fütterung jedweder Lebewesen in meinem Umfeld achte ich auf Qualität: So, wie ich meine Hunde nur mit Fleisch von glücklichen Biotieren und gutgelauntem Gemüse ernähre, bekommen die Vögel in meinem Garten nur Futter von Spezial-Vogelfutterherstellern, Fettknödel mit getrockneten Insekten darin und Nußzapfen, deren ausgewählte Zusammensetzung sich wahrscheinlich auch positiv auf meine eigene Konstitution auswirken würde, wenn ich endlich anfinge, mich damit zu ernähren. Als ich meinem Bruder im Zuge meiner ornithologischen Begeisterung erzählte, gerade wäre ein Karton getrockneter Mehlwürmer angekommen, fragte er ohne mit der Wimper zu zucken: „Ach – machst du gerade eine Diät?"

Meine Nachbarn hatten dagegen keinen einzigen Vogel an ihren Vogelhäusern zu verzeichnen. Offenbar hatte sich in Vogelkreisen herumgesprochen, dass nur wenige Gärten weiter ein Spezialitätenrestaurant eröffnet hatte. Bei den Nachbarn hingegen hätten die Vögel weniger Stress gehabt und nicht so lange anstehen müssen – aber eben auch nicht so viel zu gucken. Vögel sind offensichtlich auch nicht unempfänglich für neue In-Plätze und eine neue In-Bar entdeckt zu haben: Auch wenn sie keinen Tisch bekommen, bleiben sie mit dem Drink in der Hand auch stundenlang am Rande des Geschehens stehen: Dabeisein ist alles.

Dann geschah etwas Seltsames: Plötzlich verschwanden die Meisenknödel über Nacht. Wirklich: Einfach weg. Und zwar alle. Nur die Bändchen, mit denen sie an den Zweigen gehangen hatten, waren übriggeblieben, traurig und ihrer Bestimmung beraubt. Zuerst verdächtigte ich natürlich Luise, die in den letzten Wochen ihre Leidenschaft für Körner entdeckt hatte und jeden Vormittag den Gartenboden von jeglichen herumliegenden Sonnenblumenkernen, Haferflocken, Rosinen und Erdnüssen säuberte. Aber ob Luise die Meisenknödel im Stück und samt Netz verspeist haben konnte?

Aber dann verschwanden auch die 1-Kilogramm-schweren Futterzapfen, die an einem dicken Ast in der Ecke des Zaunes hingen, außerdem zwei hübsche grüne Metallspiralen, in denen drei Meisenknödel klemmten: Verschwunden.

Der Meisenknödel-Schwund beschäftigte mich wochenlang. Von Vogelfutter-Mundraub hatte ich noch nie gehört. Eichhörnchen gab es keine, von Waschbären in unserer Gegend wusste ich nichts, und Mäuse müssten eigentlich mit 1-Kilogramm-Futterzapfen überfordert sein. Meinen Nachbarn traute ich den Vogelfutterraub irgendwie nicht zu. Ich konnte mir beim besten Willen nicht vorstellen, wie mein Nachbar Robert im Schutze der Nacht im Schlafanzug und mit Pantoffeln an den Füßen heimlich mit der Schere meine Meisenknödel abschnitt.

Irgendwann stellte ich fest, dass immer dann, wenn Luise nachts mal kurz aufbellte, am nächsten Morgen das Futter fehlte. Luise bellte praktisch nie, sie war dafür eigentlich zu fein. Sie ließ bellen, wenn es wirklich dringend war – die anderen Hunde erledigten das für sie. Entsprechend ernst nahm ich es also, wenn sie es dann doch einmal tat. Beim nächsten nächtlichen Beller sprang ich also aus dem Bett, schaltete sofort die Terassenbeleuchtung an – und sah in die erschrocken aufgerissenen Augen zweier merkwürdiger Tierchen, die aussahen wie eine Mischung aus Katze und Marder: Enoks. Ich hatte noch nie welche gesehen, weil sie sehr scheu und nachtaktiv sind. Enoks sind sehr seltene asiatische, puschelige Marderhunde, von denen 1928 etwa 9 000 Exemplare in die Ukraine exportiert wurden, um die russische Pelzindustrie anzukurbeln. Dort brachen sie wohl aus und wanderten über die Donauauen weiter südwärts. Sie sind hübsch, nachtaktiv und eher Sammler als Jäger. Bei der Partnerwahl gehen sie einen monogamen Bund fürs Leben ein und sind gleichzeitig so emanzipiert, dass das Weibchen, wenn die Jungen alt genug sind, auf Futtersuche geht, während der Vater die Kleinen bewacht – deren Gitterbettchen er ihnen in diesem Jahr wahrscheinlich in grünlackierten Meisenknödelspiralen aus einem eleganten englischen Gartenkatalog gebaut hatte.

Noch so ein Naturphänomen, dem der Mensch sich in der Wildnis stellen muss.

12

Dass in diesem Revier nicht gefüttert wurde, machte mich nervös. Denn in solch harten Wintern herrscht für das Wild Notzeit. Und ja, ich weiß natürlich, dass diese Notzeit kein „Betriebsunfall" der Natur ist, sie gehört zum Jahresablauf, ohne die unsere Tier- und Pflanzenwelt völlig anders wäre. Der Winter selektiert und reguliert, andererseits sichert er mit Fallwild – wie man Tiere nennt, die nicht durch die Jagd umgekommen sind – das Überleben anderer Tierarten. Andererseits erschienen meine Hunde immer wieder mit Teilen verhungerter Rehe im Maul, wenn sie sich eigentlich nur zum Toilettengang ins Gebüsch zurückziehen wollten.

Wer mir aber wirklich leid tat, waren die Waldohreulen. Ich hatte tatsächlich nachts einige gesehen (es hat nämlich durchaus Vorteile, wenn man manchmal nicht schlafen kann) mit ihren großen Federpuschelohren. Eulen, die sich ziemlich einseitig von Mäusen und kleinen Vögeln ernähren, haben es im Winter schwer, und ich konnte ja schlecht im Wald Flyer verteilen mit Hinweis auf meinen Garten. Die kugelrunde dicke Maus mit den Micky-Maus-Ohren, die ich morgens in gemütlicher Vertraulichkeit beobachten konnte, wie sie sich am Vogelfutter gütlich tat, gehörte außerdem schon praktisch zur Familie (bis zum Frühjahr sah sie wirklich aus wie die Cindy Crawford der Feldmäuse, mit glänzendem Fell und elastischer Haut – wenn auch einer kleinen Plautze).

Also bestellte ich kiloweise Rinderherz und holte meinen Christbaumkerzenanzünder aus dem Keller, einen langen Stab, an dem eine Kerze befestigt werden konnte, um auch die Kerzen in der obersten

Kerzenreihe des Weihnachtsbaumes mühelos anzünden zu können. Die Kerze machte ich ab und bohrte einen Haken daran. So ausgerüstet stapfte ich in den Wald und hängte dort die Rinderherzen an den Stellen in die Bäume, wo ich die Eulen vermutete. Es war eine mühselige Arbeit, denn die glitschigen Rinderherzen wollten partout nicht auf den Ästen liegen bleiben; fielen sie allerdings herunter, war zwar den Füchsen und Wildschweinen geholfen, nicht aber den eigentlichen Adressaten, den Waldohreulen. Mir wurde langsam warm, während ich mit dem rohen Fleisch und den Bäumen kämpfte, als ich hinter mir ein Räuspern hörte.

Da stand ein Mann mit längeren grauen Haaren in dunkelgrünem Fleece und sah mich stirnrunzelnd an.

„Darf ich einmal fragen, was Sie da machen?“ Ich überlegte, wie ich wohl auf ihn gewirkt haben mochte: Eine Frau mit Lodenjacke und hochroten Wangen, die zwei Königspudel dabei hatte (die Windspiele waren zu Hause auf dem Sofa geblieben), die hofften, sie bekämen auch was ab von dem rohen Fleisch, dass ich in die Bäume hängte wie andere Leute Lametta. Ich erklärte ihm, was ich da tat. Er lachte, meinte dann aber: „Das ist nun mal die Natur. Da dürfen wir nichts durcheinander bringen.“ Er war, wie sich herausstellte, der zuständige Förster. Ich erklärte ihm, dass ich durchaus nichts gegen den natürlichen Lebenszyklus hätte, aber beim Verhungern zuschauen wolle ich auch nicht. „Ich meine, haben Eulen nicht auch eine Seele?“ fragte ich. „Ich bin mir nicht einmal sicher, ob Menschen eine Seele haben“, erwiderte er. Unsere unterschiedlichen Einstellungen zum Leben und dessen Zyklus hinderten uns nicht daran, uns für den nächsten Tag zu einer Art Revierbegehung zu verabreden, worauf ich mich wirklich freute: Gustav, so hieß er, würde mir sicherlich viele Ecken und Dinge in diesem Waldgebiet zeigen, die ich bisher nicht kannte.

13

In der Zwischenzeit wuchs und gedieh der kleine Max. In seinem Kinderbett hielt er sich nur noch zum Schlafen auf, ansonsten rannte er wie ein aufgezogenes Plüschtier durch die Wohnung und verteilte überall und auf jedem Meter seine Spielsachen, von denen er unglaubliche Mengen besaß. Er bekam nämlich sehr viel Besuch – ich war in meinem Leben noch nie so beliebt, wie seit dem Moment, als Max bei uns einzog. Ständig versuchte der Besuch, ihn mit einem neuen Bällchen, Häschen, Entchen oder ähnlichem dazu zu überreden, lieb und verschmust zu sein. Lieb war er sowieso, und er begegnete allen Menschen und fremden Hunden mit selbstbewusster Offenheit – aber ein Kuschelhund war er anfangs nicht. Erst abends, wenn die Müdigkeit zuschlug, suchte er Köpernähe und drehte einem den nackten kleinen Welpenbauch zu, damit man ihn besser kraulen konnte. In seiner momentanen Lebensphase interessierte er sich mehr für Kampfsporttechniken, eine Ausbildung, die Fritz mit Engelsgeduld übernommen hatte. Fritz war von Anfang an ein hervorragender Welpentrainer mit großem Gerechtigkeitssinn und einem guten Gefühl dafür, an der richtigen Stelle die richtige Dosis Grenzen zu setzen.

Nach draußen konnte Max noch immer nicht – es herrschten minus 18 Grad, und er war noch so klein und bodennah, dass ich mich vor Blasenkatarrh fürchtete. Manchmal nahm ich ihn in meinen Anorak gestopft mit, damit er ein wenig die Aussicht bewundern konnte. So wild und beweglich Max ansonsten war, versuchte er bei dieser Kälte auch nie auszusteigen, sondern hing wie ein Känguruhbaby in meiner Jacke und betrachtete mit großen Augen die Welt, und wenn die frische Luft ihn müde gemacht hatte, rollte er sich zusammen und schlief gemütlich ein. Trotzdem gewährleistete ich ein hervorragendes Sozialisierungsprogramm: In der Sicherheit und Privatsphare unseres Zuhauses lernte er andere Hunde in so ziemlich jeder Form und Farbe kennen, die es überhaupt gab, wir bastelten einen Parcours mit unterschiedlichen Untergründen, auf denen er herumlief, und weil ich sowieso dauernd Besuch hatte von Kindern in jeder Größe, lernte er auch bald, dass Kinder 1A-Spielkameraden und Spender von Zwieback und anderen Trockenprodukten waren. (Lebensmittel, die schmelzen oder kleckern können, verabreiche ich meinen Gästen erst, wenn sie das achte Lebensjahr erreicht haben.) Max war aufgeschlossen und frech, ohne größenwahnsinnig oder aufdringlich zu sein.

Weil Weihnachten nahte, fuhr ich mit meinen Hunden, Hundebetten und einer Transportbox für Max, Bergen von Weihnachtsgeschenken und wenig Gepäck (das Auto war schon bis zum Rand voll mit Hundesachen) in die Nähe von München, um dort bei meiner Familie Weihnachten zu feiern. Max fand die Box fabelhaft und nutzte sie als Separée, sobald es ihm irgendwie zu bunt wurde, und zog sich in seinen Schlafsack darin zurück, in dem er komplett verschwand. Er schlief bis halb acht Uhr morgens durch – ein echter Segen: Ich kannte schon Welpen, die der Meinung waren, kurz nach fünf wäre genau der richtige Zeitpunkt, um den Tag mit einem kleinen wilden Spielchen zu beginnen. Nicht so Max: Wenn er aufwachte, spielte er erst ein bisschen, bis er feststellte, dass bitte seine Wickelunterlagen dringend ausgetauscht werden müssten. Er jammerte dann relativ leise vor sich hin und steigerte dies zu einem fortwährenden Crescendo, bis man ihn aus seiner Box befreite: Dann wedelte er wie verrückt und erkundigte sich sofort, was es denn zum Frühstück gab. Er fraß gerne, viel und leidenschaftlich – nur Huhn kam ihm nicht in den Napf. Da war er eisern. Das war insofern ungünstig, weil in den meisten Welpenfuttersorten klassischerweise Huhn enthalten ist. Er ließ sich auch nicht betrügen: Wenn man ihm verschiedene Futtersorten zusammenrührte, und es war auch nur ein Esslöffel Huhn dabei, rührte er es nicht an. Vormachen ließ er sich nichts.

Weihnachten ist in meiner Familie immer eine große Sache, die stets den gleichen Ablauf hat. Meiner Mutter sind die Weihnachtsrituale heilig. Ich bin sehr froh, dass meine Brüder mittlerweile Kinder haben, sonst müssten meine Brüder und ich bis heute unterm Baum Gedichte aufsagen und auf dem Klavier Weihnachtslieder vorspielen. So stehen wir erwachsenen Geschwister, die längst „Middle Age" erreicht haben, bis heute singend unterm Weihnachtsbaum und schmettern „O Tannenbaum" und „Kling, Glöckchen, klingelingeling". Wer kichert, bekommt von meiner Mutter böse Blicke zugeworfen. (Immerhin spart sie sich heutzutage, uns vom Tisch zu schicken, wenn einer eine unpassende Bemerkung macht.)

Weihnachten macht mit Kindern natürlich sowieso und unter allen Umständen mehr Spaß, und mit Hunden auch. Selbst meine reizende Nichte sprach, als es hieß, ich solle ausnahmsweise mal ohne Hunde kommen, die legendären Worte: „Weihnachten ohne Hunde? Da mach' ich nicht mit!" Dabei hatte auch sie durchaus schon unter den Eskapaden meiner Hunde zu leiden.

Gerade Max, der noch immer nur wenig größer war als ein gutgefüttertes Meerschweinchen, konnte sich kaum halten vor Begeisterung über die vielen bunten Päckchen mit den opulenten großen Schleifen, die unter dem Baum lagen. Es war nicht so leicht, die weihnachtliche Stimmung zu wahren, während ich mit Argusaugen beobachtete, ob er an den Bändern nur zog oder die Pakete bereits auspackte, weil er entdeckt hatte, wie wunderbar Seidenpapier knisterte. Zwischen „… er soll euer Heiland selber sein, von allen Sünden waschen rein …" und „… fürchtet euch nicht!" sprang ich immer wieder beherzt unter die unteren Zweige des Weihnachtsbaumes, an denen er glücklich zog, wodurch die Bienenwachskerzen bedrohlich zu schwanken begannen. Gleich zu Beginn der Bescherung bekam Max von meiner Nichte ein winzig kleines quietschendes Latex-Schwein, was die christliche Einstellung mancher Familienmitglieder doch arg zu strapazieren schien.

Es war auch nicht leicht, die festliche Stimmung zu bewahren, wenn man praktisch den gesamten Heilig Abend und den halben ersten Weihnachtstag mit einem Schraubenzieher in der Hand damit beschäftigt war, ein Super-High-Tech-Lego-Spielzeug für den sechsjährigen Neffen zusammenzubauen. Offenbar brauchte man für die Erstellung der fertigen Konstruktion ein abgeschlossenes Ingenieursstudium, denn das Spielzeug bestand aus mehr Teilen als ein durchschnittliches NASA-Raumschiff. Die Bauanleitung war ganz sicher von Technikern einer fremden Galaxie geschrieben worden. Als ich fast fertig war, fehlte das Teil Nr. 3047d, weshalb das ganze Spielzeug nicht funktionieren konnte. Die Stimmung ging schnurstracks in den Keller; schließlich wurde der allerkleinste anwesende Hund beschuldigt, das Teil geschluckt zu haben, nachdem er auch schon nachweislich die Zehen der Japan-Barbie der fünfjährigen Nichte angenagt hatte. Die Japan-Barbie war die heißeste Barbie der Saison, das Must-Have für jedes kleine Mädchen der westlichen Hemisphäre. Die Firma Mattel, die offensichtlich von bösartigen kleinen Trollen geleitet wird, brachte besagte Barbie als limitierte Auflage heraus, weshalb man Beziehungen beim Vatikan *und* der amerikanischen Regierung haben musste, um die rotgewandete Geisha käuflich erwerben zu können. Und die Zehen dieses Heiligtums fielen tatsächlich Max, dem Bonsai-Hund zum Opfer, der eigentlich besonders gut zur Japan-Barbie passte. Nicht so schlimm, sollte man meinen, weil verkümmerte Füße für eine Geisha eigentlich besonders authentisch sind, aber der Stimmung meiner Nichte (und ihres Vaters, meines Bruders, der der Meinung ist, Weihnachten sei ein schöneres Fest *ohne* Hunde) half dies irgendwie nicht weiter. Auch nicht, als ich mehrfach versuchte daran zu erinnern, dass es an Weihnachten doch nicht um materielle Dinge ginge, sondern um das familiäre Zusammensein. „Ich hasse Hunde!" heulte meine Nichte, und als ich mich hilfesuchend nach moralischer Unterstützung und Protest umsah, senkten alle anderen ihre Nasen tiefer in ihre Bücher oder was sie sonst so bekommen hatten.

Meine Hunde haben sich zugegeben in den vergangenen 30 Jahren an Weihnachten jeweils wenig beliebt gemacht. Vor ein paar Jahren fraß Fritz am Morgen des 24. ein halbes Roastbeef, das meine Mutter zum Auskühlen vor das niedrige Speisekammerfenster gestellt hatte. Irgendjemand hatte die Tür offen gelassen, und Fritz, entzückt über die festliche Aufmerksamkeit, zögerte nicht lange und griff beherzt zu. In einem der Jahre davor schaffte es die schwarze Luise, ein Kilo Weihnachtskekse zu fressen, während die Familie beim Weihnachtsessen war. Meine Mutter – der wirklich irgendwann mal das Weihnachtshunde-Verdienstkreuz verliehen werden sollte – tobte, während ich die Nacht im Schlafanzug mit Luise im Garten verbrachte, die starkes Bauchgrimmen verspürte und darauf bestand, im tief verschneiten Garten nach Grashalmen zu suchen – für sie stets die erste Wahl bei Verdauungsstörungen. – Das war allerdings noch alles nichts gegen meinen Hund aus Teenagerzeiten, der ERST das gesamte Fondueﬂeisch fraß, und in der Zwischenzeit, während meine Mutter verzweifelt versuchte, irgendwie ein Alternativ-Weihnachtsessen für die Familie auf die Beine zu stellen, zum Nachtisch die Weihnachtskekse verspeiste.

Insofern wäre es mehr als merkwürdig, wenn nun der kleine Max diesen alten Brauch nicht aufgenommen hätte.

14

Max wurde immer größer und niedlicher; er war größer als ein Prager Rattler und auch stabiler, und passte sich figürlich langsam an Fritz und Harry an. Inzwischen spielte auch Ida hinreißend mit ihm, ließ ihn stundenlang ihre langen, lockigen Ohren attackieren und machte liegend sanfte Ringkämpfe mit ihm – während er sie gar nicht so sanft attackierte. Fritz warf ihn, wenn es ihm zu doll wurde, judoartig um, was mir als Training für Beißhemmung ungewöhnlich vorkam, aber offensichtlich wirksam war. Und nein: Obwohl meine ganze Familie schon unkte, ich würde ihn bestimmt behalten, war ich wild entschlossen, für Max ein gutes Zuhause zu finden, auch wenn mir natürlich das Herz blutete. Die Bindung ist eine andere, wenn man einen Hund noch vor dem endgültigen Durchbruch seiner Milchzähne kennenlernt, und erst recht, wenn man sich so intensiv um ihn gekümmert hat, wie er es ja brauchte. Aber ich hatte mir selbst versprochen, immer wieder Pflegestelle für einen Hund zu sein, der dringend ein Dach über dem Kopf brauchte, ohne Gefahr zu laufen, zum Animal-Hoarder zu werden.

Ich habe vor und nach Max immer wieder Hunde aufgenommen und weiter vermittelt, obwohl es viel verlangt sein kann, einen Hund wieder abzugeben, dem man monatelang (manchmal sogar ein, zwei Jahre lang, bevor sich das passende Zuhause findet) mit Geduld und Mühen gezeigt hat, wie das zivilisierte Leben spielt. Dem man Dinge ab- und manche angewöhnt hat, in den man Zeit, Liebe, Pflege und Geld investiert hat – und das alles letztlich nicht zum eigenen Vorteil, fürs eigene Leben, sondern um ihn selbstsicher, gelassen und fit für ein neues Leben in einem anderen Zuhause zu machen. Es ist ein echtes Projekt, dem man sich stellt, das viel verlangt – aber viel zurückgibt, auch wenn man wirklich üben muss, was Wolfdietrich Schnurre irgendwann in den 60ern schrieb: „Lieben heißt loslassen können". Denn natürlich darf man als Pflegestelle auch „versagen" und den Hund behalten – niemand würde es einem übel nehmen. Aber das bedeutet, dass man keinen anderen, bedürftigen Hund, der vielleicht nicht gleich in ein endgültiges Zuhause umziehen kann, aufnehmen kann – denn irgendwann sind die eigenen Kapazitäten einfach erschöpft.

Meine persönliche Hundegrenze lag eigentlich immer bei vier Hunden – das ist eine Zahl, die ich mühelos bewältigen kann, jedenfalls so, wie ich Hunde halte. Denn alle meine Hunde bekommen immer wieder etwas „Mami-Zeit" – Einzelhundzeit –, indem ich einzeln mit ihnen trainiere oder mal einzeln mit ihnen spazieren gehe. Je mehr Hunde man hält, desto besser muss man darauf achten, dass wirklich keiner zu kurz kommt oder sich still und leise zurückzieht, desto zeitaufwändiger werden die Einzelspaziergänge, und desto komplizierter können die Spaziergänge auch werden, denn die Hunde orientieren sich ja auch immer stark aneinander, vor allem, wenn es darum geht, irgendeinen Unsinn zu veranstalten.

Natürlich war es für die Interessenten schwer, meinen Ansprüchen zu genügen. Max war so unfassbar winzig gewesen, und nun war er ein fabelhaft sozialisierter, fröhlicher, gutgelaunter Hund geworden. Natürlich hing ich sehr an ihm, zumal er sich große Mühe gegeben hatte, meinem ästhetischen Empfinden so nahe wie möglich zu kommen: Er ähnelte den Windspielen figürlich tatsächlich sehr, hatte aber viel dichteres Fell und eine andere Pfotenform. Er konnte alles, hatte sich alle Grundkommandos längst von den erwachsenen Hunden abgeguckt. Es gab eine Familie, die mir eigentlich gut gefiel, nur hatte die hundeunerfahrene Tochter eine solche Angst um Max und vor Max, was ihre Katze betraf, beim Hundespaziergang riss sie Max sofort hoch, als uns ein anderer Hund entgegen kam –, dass ich mich dann doch gegen sie entschied. Es tat mir wirklich leid, aber ich hatte die große Befürchtung, dass Max in dieser Familie zum Schisser werden würde, der aus Frustration, weil er ständig von anderen Hunden weggehalten wurde, irgendwann zum Leinen-Proleten wurde.

Das Schicksal war offensichtlich der ähnlichen Meinung und schickte mir meine Cousine und deren Mann, die völlig hingerissen waren von dem kleinen Mäxchen, und ihn adoptierten. Es war das Beste, was ihm passieren konnte: Er zog nach Kreuzberg in eine große, klassische Berliner Altbauwohnung und begleitete die zwei von nun an auf Schritt und Tritt. Als Kinder dazu kamen – nacheinander zwei hinreißende kleine Mädchen, die aussahen wie aus Kinderbüchern des 19. Jahrhundert –, akzeptierte er sie sofort und ohne Frage, spielte mit ihnen sanfte Zerrspiele mit den Stofftieren, während die Babys so lachten, wie eben nur kleine Kinder lachen können, verteidigte sie wütend gegen alle Leute, die ihm komisch vorkamen (auch gegen den einen oder anderen Verwandten, der sich ganz unschuldig nur mal das neue Baby ansehen wollte) und durchwachte der Fairness halber auch die Nächte zusammen mit meiner Cousine oder ihrem Mann. Er hatte von jedem von uns etwas gelernt: Von Luise die Souveränität, von Ida das Gehopse einer Hupfdohle, von Fritz Kampfsport, von Harry, wie man erfolgreich bettelt, und von mir – keine Ahnung: Nicht viel. Stubenreinheit und Vertrauen womöglich, und wie man sich am erfolgreichsten lieben lässt. Und das kann einen weit bringen im Leben.

15

In den Monaten darauf wurde Ida sehr krank. Sie hatte bereits als Welpe eine Bauchspeicheldrüsenschwäche, was lange unentdeckt blieb und von vielen Tierärzten, die wir aufsuchten, als Allergie missverstanden wurde. Damals hatte ich nur so ein Gefühl, mittlerweile weiß ich, dass ein zwölf, vierzehn Wochen alter Hund noch keine Allergien haben kann: Die brauchen viele, viele Monate, um sich zu entwickeln. Ida litt knapp zwei Jahre lang (bis der hundertste Tierarzt, den ich befragte, mir riet, dem Hund einfach mal Pankreas-Enzyme übers Futter zu geben, vielleicht würde das helfen – und: es half!) unter wasserstrahlartigen Durchfällen, was dazu führte, dass wichtige Nährstoffe zum Knochenaufbau nicht bei ihr ankamen, sondern gleich wieder aus dem Hund gespült wurden. Sie hatte arthritische Gelenke, außerdem Hüftgelenksdysplasie. Ihr ganzes Knochengerüst war mittlerweile schief. Ida, meine Hupf-Dohle, mein brauner Clown, bekam Schmerzmedikamente, seit sie fünf Jahre alt war, weil sie immer wieder große Schmerzen hatte. Gleichzeitig schonte sie sich natürlich nie: Sie war wild und frech und verspielt, liebte Hüpfen und Springen und hatte Agility geliebt, was sie schon lange nicht mehr machen durfte. Die ganz winzigen Kinder der Nachbarn führten sie immer aus – kleine Zwei- und Dreijährige, die unglaublich stolz waren, dass sie den großen braunen Pudel alleine an der Leine führen durften. Ida (und auch Luise) wären niemals auf die Idee gekommen, an der Leine zu ziehen – schon gar nicht, wenn ein Kind am anderen Ende hing. Sie passten ihre Schritte genau denen der Kinder an.

Eines Tages im März wollte sie nicht mehr aus dem Garten hinein kommen – sie saß im strömenden Regen und wollte sich nicht bewegen, weil ihr alles so weh tat. Die Schmerzmittel wurden hochgesetzt, was ein paar Monate lang half – bis sie davon eine Gelbsucht bekam. Danach wurden die Medikamente abgesetzt, und ihr Leben wurde schwer.

Sie war ja noch ein junger Hund – erst sechseinhalb Jahre alt –, also bestand sie nach alter Manier darauf, auf jeden Spaziergang mitzukommen. Hoffnungsvoll marschierte sie los, um nach wenigen hundert Metern zu erkennen, dass so große Schmerzen keinen Spaß machten. Sie versuchte, mit den anderen Hunden zu spielen und schob es ihnen in die Schuhe, wenn ihr alles weh tat. Sie brachte mir ihr Frisbee, um gleich wieder festzustellen, dass Springen und Hüpfen unter diesen Umständen einfach nicht lustig war.

Es ist wohl die schwierigste, herzzerreißendste Entscheidung im Leben eines Hundebesitzers, ob und wann er seinen Hund einschläfern lassen soll. Es ist immer zu früh, es überrascht einen jedes Mal. Es gibt keinen idealen Zeitpunkt. Das Leben des Hundes wird immer schwerer, und irgendwann verschwindet die Lebenslust aus seinen Augen. Manche Leute versuchen, das Leben ihres Tieres um jeden Preis zu erhalten und zu verlängern. Ich gehöre nicht zu ihnen. Ich möchte meinen Hunden ein bisschen Würde erhalten.

Ich rief meine wundervolle Tierärztin an, die Ida so fabelhaft betreut hatte. Sie kam zu uns nach Hause, ich saß mit Ida auf dem Boden unseres Wohnzimmers und hielt sie im Arm, bis sie starb. Ich wollte bis zur letzten Sekunde ihres Lebens bei ihr sein: Sie war ja auch immer für mich da, mit unendlicher Zuversicht, unbändiger Verve und dem albernsten Humor, den man sich vorstellen kann.

Ida war mein fröhlichster, mein artigster Hund. Auch wenn sie als Welpe fest davon überzeugt war, ihr Name sei „Ida, lass' das!“, weil sie das am allermeisten zu hören bekam. Sie war ein wildes Ding, das ein Jahr lang nicht in der Lage war, gesittet neben mir herzugehen, sondern meistens alle vier Füße in der Luft hatte. Sie sah aus wie eine zerzauste Hupfdohle: Als ich sie im Alter von zehn Wochen meinem Tierarzt vorstellte, fragte er misstrauisch: „Was ist denn das?" „Ein Großpudel", erklärte ich ihm stolz. Er blickte kurz auf die elegante, graziöse Luise, die anmutig daneben stand, und dann auf den kleinen braunen explodierten Handfeger zu seinen Füßen, der sich gerade über seine Schnürsenkel hermachte: „Hm", meinte er. „Mit etwas Glück wird mal einer draus." Ida hatte nichts von Luises edler Zurückhaltung; sie fraß so ziemlich alles, was ihr zwischen die Zähne kam, wenn auch nur die allerteuersten Schuhe (Turnschuhe ließ sie links liegen), edle Spitzenunterwäsche (möglichst originalverpackt und handgeklöppelt) und Papier (aber nur wirklich bedeutende Dokumente und Verträge. Einmal verspeiste sie einen Umschlag mit fünfhundert Euro darin, aber nur zur Hälfte, damit ich das Geld nicht unnötig suchte.). Bis sie zwei Jahre alt war, konnte sie sich einfach nicht konzentrieren, wenn man ihr etwas beibringen konnte. Dann allerdings wurde sie über Nacht zu einem Wunderhund mit vielen Tricks im Gepäck wie Charme, übernatürlichen sozialen Fähigkeiten und einer Leidenschaft fürs Scheinwerferlicht. Wenn man nieste, lief sie los und holte eine Packung Taschentücher. Wenn sie nach draußen wollte, betätigte sie eine Rezeptionsklingel. Sie konnte so viele Kunststücke, dass wir uns jederzeit beim Zirkus hätten bewerben können.

Ida war ein Chaot, aber sie brachte fast alle zum Schmelzen, denen sie begegnete. Ich bin froh, dass ich sechs Jahre lang das Geschenk ihrer tiefen Freundschaft besaß. Jetzt ist sie in meinem Herzen, statt an meiner Seite.

Sie war eine große Freude.

16

Im Herbst zog Gretel bei uns ein. Sie war buchstäblich ein bunter Hund: Sie hatte braune Flecken, die schwarz umrandet waren, auf ihrem weißen Fell und trug eine tiefschwarze Maske. Sie sah aus wie eine Mischung aus Anaconda und Waschbär. Ursprünglich hatte ich mich für ihren Bruder interessiert, als ich aber den ganzen Wurf beobachtete, war klar, dass sie möglichst schnell aus der Gruppe heraus musste, denn sie wurde andauernd von allen Hunden im Haus der Züchterin gemobbt.

Gretel war von der ersten Sekunde an stubenrein. Sie kam in ihrem bisherigen Leben noch nicht ein einziges Mal auf die Idee, im Haus aufs Klo zu gehen – nicht einmal aus Versehen. Dafür war sie ausgesprochen literatur-affin und räumte glückselig alle Bücher aus den unteren Fächern meiner Regale. Ich habe *sehr* viele Bücher, und *sehr* viele Regale. Gretel hatte einen interessanten Geschmack: Sie fraß sich durch „Dogs of Hollywood“, ein Faksimile von George Orwells „1984“ und verschiedene Bücher über Hundeausstellungen (dass sie sich darüber informieren wollte, wie man sich auf Ausstellungen am besten präsentierte, glaube ich nicht: Gretel hasst – wie ich – Hundeausstellungen und machte in ihrem Leben nur eine einzige mit. Sie fand es vollkommen sinnlos, im Kreis um den Richter herumzutraben, wenn es doch viel lustiger gewesen wäre, zu rennen und zu toben, und wollte auch partout nicht einsehen, weshalb sie sich von einer fremden Person im Maul herumfummeln lassen sollte, um ihre Zähne zu zeigen). Irgendwie gelang es ihr auf Anhieb, meine Mutter zu becircen, die bisher reflexhaft jeden meiner neuen

Hunde immer erst einmal abgelehnt hatte (weil es nach dem Gefühl meiner Mutter grundsätzlich zu viele waren und ich mein Leben nach ihren Vorstellungen ganz anders gestalten sollte). Aber Gretel verzieh sie alles. Sogar als wir den reizenden Dreikäsehoch dabei überraschten, wie sie mitten auf dem Küchentisch stand, um den Bratensaft des Hühnchens zu trinken, fand meine Mutter das unglaublich komisch und bewunderte, wie gut Gretel springen konnte. Gretel war sich auch keiner Schuld bewusst: Ich hatte ihr schlicht noch nie erklärt, dass sie nicht auf den Tisch gehörte. Das Thema hatte sich bisher noch nicht ergeben.

Sie orientierte sich sehr an Luise, die mit fortschreitendem Alter immer mehr zur „Grande Dame“ wurde. Gretel war davon natürlich noch sehr weit entfernt – sie war der erste Hund, den ich hatte, der ein richtiger Backfisch war. Aber sie war unglaublich schnell im Lernen, machte „Platz“ und „Komm!“, weil sie es sich bei Luise abschaute, und wurde zum besten Sachensucher überhaupt: Sie trug mir Handschuhe und Taschen hinterher, und nachdem ich ein Stück Stoff an meinem Schlüsselbund befestigt hatte, suchte und apportierte sie auch den, ohne jemals länger als fünf Minuten dafür zu brauchen – selbst, als ich den Schlüssel todesmutig in einen riesigen Laubhaufen warf. Ich übe derlei für später. Wenn ich auch nur ansatzweise so werde wie meine Mutter, werde ich früher oder später insgesamt wenigstens eine halbe Stunde täglich meinen Autoschlüssel suchen. Sollte ich noch dreiunddreißig Jahre leben, würde ich mit einem schlüsselsuchenden Hund sehr viel Zeit sparen, die ich lieber mit anderen Dingen verbringen würde. Das ist in Wirklichkeit der Grund, warum ich meinen Hunden immer wieder Kunststücke beibringe: Keine unterbewusste Sehnsucht nach Zirkus treibt mich an, sondern schlicht die Furcht vor Gebrechlichkeit.

17

Wenn ich nachts von einem Abendessen in der Stadt nach Hause kam, sah ich auf der Kreuzung immer einen prächtigen großen Fuchsrüden in leuchtendem Rot sitzen. Keine Ahnung, was er dort machte, vielleicht machte er eine Art Verkehrszählung? In Berlin selbst hatten wir auch immer wieder Füchse gesehen, die in kleinen grünen Oasen wie dem verlassenen Gelände am Kreuzberger Gleisdreieck lebten, aber meistens nicht gut aussahen und Fuchsräude hatten, sehr dünn waren und sich offenbar mehr von Müll als von Mäusen und Obst ernährten. Auch wenn es in Deutschland keine Tollwut mehr gibt, übertragen Füchse leider eine ganze Menge anderer Krankheiten, wenn sie nicht top in Ordnung sind, wie Fuchs-Staupe oder Milben, was beides sehr ansteckend für Hunde ist. So sehr man sich in der Stadt also über das Wildlife freut, so schwierig ist dessen Situation: Ein Fuchs, der sich hauptsächlich von Pizzaresten ernährt, kann auf Dauer kein gutes Immunsystem haben.

Hier draußen war das anders. Im Sommer sah ich von Weitem auf meinen Hundespaziergängen häufiger eine sehr kleine, eher mager aussehende Fähe. Der Juni war unglaublich heiß und sehr trocken; wahrscheinlich hatte sie Mühe, Fressbares zu finden. Eines Morgens bog ich mit den Hunden auf einen Reitweg ab – und sah mitten auf dem Weg fünf Fuchswelpen, die dort spielten. Harry reagierte schneller, als ich überhaupt blinzeln konnte, und packte sich sofort einen der Welpen an der Gurgel. Ich schnauzte die anderen Hunde an, sie sollten „zurück!" bleiben (was sie erstaunlicherweise auch taten), und zischte Harry ein „Tauschen!" zu, das offenbar so gefährlich klang, dass er den kleinen Fuchs praktisch ausspuckte. „Tauschen“ ist ein wundervolles Kommando, das ich eisern allen meinen Hunden beibringe – eine Ware gegen eine andere. Auf diese Weise habe ich schon vielen Stoff- und lebendigen Tieren das Leben retten können.

Nachdem Harry ihn losgelassen hatte, sah mich der kleine, etwa sechs, sieben Wochen alte Welpe einen Moment aus seinen schmalen gelben Augen an, und rannte dann seinen Geschwistern hinterher in den sicheren Bau. Auf dem Reitweg und um den Bau herum lagen verstreut Reste von Fuchsmahlzeiten: Vogelknochen und Federn; wobei das Ganze nicht besonders üppig aussah.

Nachmittags traf ich unseren Förster, als ich gerade ein Kilo fleischige Putenhälse durch die Landschaft trug. „Was machst du denn damit?“ fragte Gustav. Ich erklärte ihm, was morgens geschehen war, und dass mir das so leid täte. Ich hoffte, mit ein paar vernünftigen Mahlzeiten würden die Selbstheilungskräfte des kleinen Fuchses angeregt. „Du sollst nicht immer in die Natur eingreifen!“ schimpfte er mich. „Habe ich doch schon, oder jedenfalls Harry“, meinte ich. „Über die Hälfte der Jungfüchse überleben den Sommer mit oder ohne deine Hunde oder Jagd sowieso nicht“, sagte Gustav. „In puncto Kindersterblichkeit ist die Natur nicht zimperlich. Sie gibt im Überfluss und nimmt ohne Rücksicht.“

Im Gegensatz zur Natur bin ich nun einmal zur Rücksichtnahme erzogen worden. Ich wollte es mir ja nicht zur Gewohnheit machen, Füchse mit Putenhälsen (natürlich bio!) zu füttern, sondern nur dieses eine Mal.

Ein paar Wochen später sah ich die jungen Füchse noch einmal: Am frühen Abend schnürten sie ohne Mutter als Jugendbande durchs Feld. Einer von ihnen blieb kurz stehen und sah uns aufmerksam an – ich glaube es ja nicht wirklich, aber ob das vielleicht der Kleine war, den Harry am Schlafittchen gepackt hatte?

18

Harry, mein zarter, ängstlicher Windhauch, wurde bald zum erbarmungslosen Jäger ohne Furcht und Gnade. Er fing immer wieder Vögel, sogar aus der Luft, und nahm sich zusammen mit Fritz, Gretel und Luise der Wühlmaus-Population an. Die anderen drei gruben tiefe Krater entlang der Nagergänge, während Harry vermeintlich entspannt, mit halbgeschlossenen Augen daneben saß – es sah aus, als würde er archäologische Grabungen überwachen. Bis er das Geräusch einer Wühlmaus hörte (Keine Ahnung, *was* er tatsächlich hörte: Ich saß häufig dabei, hörte allerdings meinerseits exakt gar nichts.): Dann sprang er blitzartig auf, stürzte in das Loch und erschien mit einer dicken, zeternden Wühlmaus, die er zweimal auf den Boden schleuderte und umgehend verspeiste. Es war einigermaßen widerlich, aber auf jeden Fall eine natürlichere Methode als das Auslegen von Wühlmausgift, auch wenn es zwangsläufig dazu führte, dass Harry sehr regelmäßig entwurmt wurde. Nicht einmal die Leine hielt ihn von seinem neuen Hobby ab: Eines Tages machte er neben mir einen riesigen Satz, und ich sah in Sekundenbruchteilen etwas langes Schwarzes, irgendetwas Rotes, und irgendetwas Braunes wegfliegen. Es stank erbärmlich: Harry hatte eine Ringelnatter daran gehindert, eine ziemlich große Erdkröte zu fressen, die einen Meter weiter leicht blutend und vollkommen starr hockte: Offenbar konnte sie nicht fassen, was ihr gerade widerfahren war. Die Ringelnatter war tot, hatte es sich aber nicht nehmen lassen, im Todeskampf mit Harry ihre wirklich übelriechenden Analdrüsen zu entleeren. Entsprechend machte Harry glücklicherweise keine Anstalten, die

Schlange mit nach Hause zu nehmen, um sie unserer Spielzeugsammlung zuzuführen, sondern ließ sie zusammengerollt mit rotem, offenem Maul liegen, schüttelte sich kurz und trabte elegant an seinem dünnen Leinchen weiter neben mir her, als sei nichts geschehen.

Einem anderen Tier, dem wir eines Morgens sehr, sehr früh begegneten, stellte er sich allerdings lieber nicht in den Weg.

19

Als Freiberufler arbeite ich immer wieder mal als Vertretung der Textchefs in verschiedenen Redaktionen. Das zwingt mich dann, sehr früh aufzustehen, um im Morgengrauen einen langen Spaziergang mit meinen Hunden zu machen, damit ich auch irgendetwas vom Wald und der frischen Luft habe (den zweiten großen Spaziergang macht in solchen Fällen dann die Hundesitterin).

Die Landschaft in Berlin-Brandenburg ist unglaublich schön. Eine weite, hügellose Landschaft mit steppenartigen Feldern mit roten Gräsern, knorrigen Bäumen und Birkenwäldchen, dazwischen alte Kieferwälder und tiefe Wassergräben. Hinter unserem Park lagen die ehemaligen Rieselfelder Berlins, wo über hundert Jahre lang die Abwässer der Stadt gereinigt wurden. Hinzu kamen allerdings auch die ungeklärten Abwässer der Industrie mit großen Mengen an Schwermetallen und organischen Schadstoffen – man wusste es damals eben nicht besser. In den 1980er-Jahren wurden die Rieselfelder eingeebnet und aufgeforstet. Die meisten Wege laufen noch immer entlang der ehemaligen Becken-Strukturen, in denen man Suhlen der Wildschweine entdecken kann. Auf 1500 Hektar findet man Wildnis und gezähmten Forst, soweit das Auge reicht, dazwischen wurden mittlerweile 400 Hektar eingezäunt: Dort leben ganzjährig Rinder und Konik-Pferde, die dem beanspruchten und belasteten Boden helfen sollen, denn jeder Kuhfladen, jeder Haufen aus Pferdeäpfeln sorgt für Nährstoffe, Käfer und Würmer.

Nichts ist schöner, als so den Tag zu beginnen: Die Sonne scheint noch so müde, wie ich mich fühle, Tau hängt auf den Gräsern, die

Luft riecht nach feuchtem Boden und der Wärme, die später kommt, nach blühenden Mooskiefern, Honiggras und Beerkraut. Die Hunde liefen frei um mich herum, schnüffelten hier und da, blieben aber artig auf dem Weg, wie sie es gelernt hatten. Wir trafen zwei Galloway-Rinder, die uns unter ihren langen Ponyfransen hindurch betrachteten. Aus dem Augenwinkel sah ich einen Schäferhund, der durch die Rieselfelder lief, einen Besitzer konnte ich nirgends entdecken, kümmerte mich aber auch nicht darum. Der Hund war weit weg, meine Hunde sowieso verträglich mit allen, und ich war mehr mit dem spektakulären Tagesbeginn beschäftigt, der vor und über mir stattfand. Am Waldrand erschien ein Reh mit Kitz. Ich blieb mit den Hunden stehen und sah der Ricke zu, aber sie war nervös und äste nur ganz kurz, bevor sie wieder verschwand. Wir gingen weiter mit mitterweile nassen Füßen (vor einem schönen Tag sind die Wiesen immer nass), kamen an den Waldrand und sahen den Schäferhund, der etwa 30 Meter vor uns stand. Irgendetwas war anders: Keiner meiner Hunde machte auch nur die geringsten Anstalten, ihn zu begrüßen, stattdessen sahen alle beschwichtigend und angestrengt in die andere Richtung. Als ich genauer hinsah, war es auch kein Schäferhund, der mich da aus gelben Augen ansah: Es war tatsächlich ein Wolf. Mein erster Wolf in Freiheit! Er war relativ klein und schmal, wohl erst knapp ein Jahr alt, mit stark behaarten Ohren, hellen Läufen, die nach oben hin langsam grauer und dunkler wurden, und einer buschigen Rute. Er wollte mit uns so wenig zu tun haben wie meine Hunde mit ihm: Er drehte sich um und verschwand im Unterholz. – Wenn ich mir hinterher überlegte, wie ich ihn vorhin, in den Rieselfeldern gesehen hatte, hätte mir wohl sein Gang auffallen müssen. Wölfe laufen anders als Hunde – aber ich hatte natürlich nicht damit gerechnet, an einem warmen Sommermorgen gleich hinter Berlin einem jungen Wolf zu begegnen. Dementsprechend hatte ich einfach nicht gut genug darauf geachtet.

Ich meldete meine „Erscheinung“ Gustav, dem Förster, der es erst nicht glauben konnte, aber nach weiterer Recherche von einem anderen Förster hörte, dass es am nicht weit entfernten Gorinsee wohl ein ganzes Rudel gab. Den jungen Burschen hatte wohl die Neugier ins fremde Revier getrieben. Er wurde noch ein-, zweimal gesehen, was die Schäferin dazu bewegte, ihre Herde von der Weide herunter- und in den Stall zu bringen. Wenigstens glaubte sie mir nun, dass es mitnichten meine Hunde gewesen waren, die die Elektrozäune umgerissen und die Schafe traumatisiert hatten. Aber ob das der schmale junge Wolf gewesen war – und nicht vielmehr der Sturm vor ein paar Tagen, sei mal dahingestellt.

Mir dagegen zeigte es, dass die Aufregung über Wölfe, die im Internet immer wieder auftauchte, ganz und gar mediengemacht war. Ich wusste von verschiedenen Jägern – auch aus ganz anderen Bundesländern –, dass es bis 2014 in Deutschland 94 Wolfsrudel gab: Diese Zahl lag dem Deutschen Jagdverband vor; mittlerweile dürften es noch mehr sein, denn nach wie vor ist es verboten, den Wolf zu jagen. Und die Jäger tun es – entgegen aller Vorwürfe, die die verschiedensten Experten und Organisationen den Jägern immer wieder öffentlich machten – ganz offensichtlich auch nicht, denn 94 Wolfsrudel entstehen nicht mal eben über Nacht, sondern über viele, viele Jahre. Die Jäger und Jagdverbände wussten dies und hielten schön den Mund, damit die Bevölkerung nicht ängstlich wurde wie damals bei Stoibers Problembären. Dass die Entwicklung der zunehmenden Wölfe mit gewisser Besorgnis beobachtet wird, ist nicht von der Hand zu weisen: Mein Vetter in Niedersachsen schickte mir immer wieder Fotos, die er nachts von einer Gruppe Jungrüden entlang der Landstraße gemacht hatte, wo die Herrschaften unterwegs waren und auf leichte Beute in Form von überfahrenen Kaninchen etc. hofften. Mein Vetter befürchtete ständig, es würde durch die dusseligen Pubertisten irgendwann zu fürchterlichen Verkehrsunfällen kommen. Und natürlich werden sie früher oder später lernen, dass es sehr bequem ist, sich an Schafsherden zu bedienen. Man kann natürlich argumentieren, die Schafe sollten dann eben statt durch Elektrozäune von Herdenschutzhunden bewacht werden – aber mal ehrlich: Wie vielen Bauern traut man den Umgang mit Owtscharkas oder Maremmanern zu? Sehr viele Landwirte sind nicht einmal in der Lage, ihre Schäferhunde vernünftig zu halten – aber die wirklich schwierigen Herdenschutzhunde in unserem zersiedelten, vollen Land?

20

Einer meiner Nachbarn war ein Motorradfreak und Mitglied des Harley Davidson Clubs. Zahllose Tätowierungen beide Arme hinauf bis zum Hals zeugten noch von diesen Zeiten. Heutzutage markierte er den wilden Mann, indem er nachts sein donnerndes Motorrad gerne direkt auf dem Fußpfad, der unter meinem Schlafzimmerfenster vorbei in sein Treppenhaus führte, an meinem Kopfende vorbeifuhr. Seinerseits erschien er allerdings bei dem geringsten Geräusch wie Hundegebell, Kindergequietsche oder Musik, die ihm nicht passte, auf der Terrasse und schrie nach Ruhe. Er war von Kopf bis Fuß ziemlich kugelrund, trug aber gerne ärmellose T-Shirts, die die Bildergalerie auf seinen Armen zur Geltung brachten; eine Art Tattoo-Teletubby. Selbstverständlich besaß er einen 9-PS-starken Rasenmäher mit Hinterradantrieb und einem Mähgehäuse aus pulverbeschichtetem Stahlblech, eine Art Screamin' Eagle Chopper des Vorgartenrasens. Ungefähr so laut war das Ding auch. Mein Nachbar warf sich zum Rasenmähen entsprechend veritabel in Schale: Kleines rotes Piratenkopftuch, schwarze „Wiley"-Sonnenbrille (von Harley Davidson, versteht sich), Muscle-Shirt und kurze Hosen, die weitere Tätowierungen an seinen Beinen freilegten. Irgendetwas musste er an „born to be wild" missverstanden haben. Er besaß auch noch einen zweiten, etwas kleineren Rasenmäher. An besonderen Samstagen mähte er mit seiner bis zum fingerbreiten dunklen Ansatz blondgefärbten, orangegebrannten Freundin gleichzeitig, was ein an sich harmonisches Tonintervall ergab, ich glaube, eine kleine Terz. Ich war mehrfach in Versuchung, auch noch meinen kleinen Elektro-

Mäher anzuwerfen, um zu hören, welcher Dreiklang sich dann ergeben würde, ließ es dann aber doch lieber bleiben.

Denn dem passionierten Gärtner ist seine Ruhe heilig. Die Geräusche, die er selbst verursacht, dienen nur dazu, der Ruhe den richtigen Rahmen zu geben: Da gilt es, die Hecke zu beschneiden und dort etwas zu schrauben, da drüben etwas wegzuharken und an der Terrasse etwas zu tackern. Aber wehe, der Nachbar macht es genauso! Letztes Jahr bekamen sich zwei Berliner Laubenbesitzer über ihren Rasenmähern in die Haare, sodass der eine mit der Holzlatte auf den Rasenmäher seines Nachbarn einschlug. Was diesen so sehr erboste, dass er ein Gewehr aus seinem Gartenhäuschen holte und seinem Nachbarn in die Brust schoß. „Ich wollte einfach meine Ruhe haben", gab er hinterher zu Protokoll.

Das sagen sie alle. Besagter Nachbar schrie es sogar laut heraus, sobald irgendwo ein Kind lachte oder – Gott bewahre! – meine Hunde im Spiel bellten. Er konnte meine Hunde nicht leiden, auch wenn er immer erklärte, er habe nichts gegen Hunde, *aaaaaber* (man kennt diese Sätze wie „Ich habe nichts gegen Ausländer, *aber* ...") bellen oder sich sonst irgendwie bemerkbar machen sollten sie bitte nicht. Sobald also meine (oder andere) Hunde einmal die Stimme erhoben, schrie Harley-Teletubby sofort los: „Deine Hunde sind ganz schön laut! Kriegste das vielleicht mal in den Griff? Nee, wa? Kriegste nich in den Griff!" Als ich ihn an diesem speziellen Tag darauf hinwies, dass genau nebenan seit dem frühen Morgen mit ohrenbetäubender Kettensäge Bäume gefällt und zersägt wurden, und das doch um ein Vielfaches lauter sei, schrie er zurück: „Arbeitest du vielleicht mit deinen Hunden?"

Lärm ist die Nemesis unserer Tage. Er ist natürlich immer eine Zumutung, die am Nervenkostüm zerrt und die Lebensqualität massiv beeinträchtigt. Allerdings spielt eben auch immer die subjektive Wahrnehmung eine entscheidende Rolle. Je nach Charakter, Temperament und Alter unterscheiden sich die Empfindungen gegenüber akuten Störungen in einem gar nicht zu überschätzendem Ausmaß. Manch einen kann schon das Kauen des Gegenübers in seelische Abgründe stürzen. Als ich eines Nachts am Balkon von Nachbarn vorbeiging, die dort gefühlte 24/7 saßen und rauchten, meinte ich als Abendgruß: „Ist es nicht wundervoll wie die Nachtigall singt?", die sich nämlich seit Stunden sehnsüchtig schluchzend um einen Partner bemühte. „Ach, dat is'ne Nachtigall?" fragte die Nachbarin. „Wir ham' uns schon jewundert, wat det für'n Jeschrei is'!" So kann auch ein ganz unschuldiges Geschöpf Gottes für manchen zum Satan werden.

Schopenhauer, der mir schon deshalb immer sehr sympathisch war, weil er die großen Pudel liebte, sagte einmal, „dass die Quantität Lerm die Jeder unbeschwert vertragen kann, in umgekehrtem Verhältniß zu seinen Geisteskräften steht." Ich weiß nicht, ob man Schopenhauer Arroganz vorwerfen kann; mir dagegen natürlich schon. Besagter Nachbar schrie denn auch immer wieder gerne, ich hielte mich ja „sowieso für was Besseres". Woran er dies ableitete, nachdem ich außerhalb meiner vermeintlich ruhestörenden Hunde nichts mit ihm zu tun hatte, blieb sein Geheimnis. Möglicherweise hatte er aber auch meine Hunde schlicht zu seinem persönlichen Feindbild erkoren.

Wobei er es auch nicht mochte, wenn man häufiger als einmal im Jahr Gäste hatte. An runden Geburtstagen nahm er diese Störungen noch hin, ansonsten fühlte er sich in seinem Dasein gestört. Er seinerseits benahm sich allerdings auch wie ein ganz normaler Mitmensch: Er mähte den Rasen, hörte donnernd White Snake und versetzte damit das Wild im Umkreis von 15 Kilometern in Angst und Schrecken, telefonierte so laut auf der Terrasse, dass noch im Nachbarhaus jedes Wort mitstenografiert werden konnte, beglückte seine Freundin bei geöffnetem Fenster und schrie sie auch mal an.

Der Mitmensch als Nachbar kann auch Feind, Fluch und Landplage sein; deine tägliche Nemesis, die dich an den Abgrund deiner Seelen- und Nervenkraft führen kann. Manch bravem Manne raubt er gar den Verstand. Und das schafften meine Hunde und ich bei besagtem Nachbarn.

Harry bellte in der Tat im Frühjahr öfter, wenn die Tage wärmer wurden und er durch die noch blattlose Hecke einen neuen, noch unbekannten Postboten entdeckte. Sein Bellen ist nicht schön, aber wirksam, falls man von einem Einbrecher überrascht würde, bei dem nämlich sofort ein Hörsturz ausgelöst würde. Glücklicherweise bellte Harry nie besonders lang, und sobald die Hecke sommerlich zugewachsen war, fühlte er sich wieder sicher und verstummte. Sowieso unterbrach ich jegliches Bellen, kein anderer Nachbar fühlte sich je gestört, außerdem ist das eben so: In Gärten leben Hunde und Menschen, Kinder springen kreischend in ihre Planschbecken, Hunde bellen, Katzen maunzen des Nachts herum, und in mondlosen Nächten hört man Füchse bellen (was im Übrigen auch erst einmal meinen Hunden unterstellt wurde), schrecken Rehböcke und singen die Nachtigallen. Auch im Wald ist es nicht still. Es ist nur ein anderer Lärm als Autos, Discotheken und besoffene Jugendliche.

Eines Tages, als ich in der Hängematte lag, sah ich ein merkwürdiges Gerät an seinem Schlafzimmerfenster stehen, das auf meinen Garten gerichtet war: Es war tatsächlich eine Kamera. Der Typ filmte mich oder meine Hunde. Es stellte sich heraus, dass er mit Strichlisten begonnen hatte, um der Hausverwaltung zu beweisen, wie furchtbar viel meine Hunde bellen würde, aber diese Liste führte leider nicht zum gewünschten dramatischen Effekt (die gefühlte Wahrnehmung entspricht eben häufig nicht der Realität). Also hoffte er auf wilde Szenen in meinem Garten, meine Hunde, die irgendwie am Zaun stehen und grölen würden oder einander ruhestörerisch in die Besinnungslosigkeit spielen würden. Er erzählte sogar stolz einer Nachbarin davon, er würde es „mir schon zeigen, die wird schon sehen, die zwinge ich in die Knie!". „Klingt eigentlich eher nach autoerotischer Phantasie als nach Lärmbelästigung", meinte mein bester Freund.

Das Ergebnis seines großen Lauschangriffs war dann nicht ganz so, wie er es sich vorgestellt hatte: Nicht ich wurde ermahnt, sondern er abgemahnt.

Nun versuchte er, seine heilige Ruhe und Erholung mit aller Macht und anderen Mitteln durchzusetzen. Ohne leistungsstarke Maschinen war das offenbar kaum zu schaffen. Der Absatz motorisierter Gartengeräte im örtlichen Baumarkt stieg sprungartig an: Er kaufte eine Kettensäge, die ihm offenbar wie Musik in den Ohren klang. Flüsternde Laubbläser sind schon seit längerem im Angebot, aber er war offenbar der Überzeugung, dass nur ein Laubbläser, der ordentlich Krach macht, auch ordentlich was wegschafft. Er war anscheinend der Meinung, wir alle hätten es nicht anders verdient, weil wir uns ja alle absichtlich gegen ihn verschworen hatten. Gegen Nachbarn ist man nun mal machtlos.

So lebten wir eine Weile nebeneinander her; er mit seinen Gartengerätschaften, ich mit meinen Hunden, die sich von der Maschinerie durchaus provozieren ließen. Das Prinzip der akustischen Revierverteidigung kennt man vor allem von Singvögeln. Dann aber ergab sich eine Ablenkung, eine Diversion: Der Nachbar, der in der Wohnung über dem lärmempfindlichen Nachbarn lebte, besaß einen Graupapagei, der ab den ersten warmen Tagen im Jahr mit seiner Voliere am geöffneten Balkonfenster residierte und sich an der Fauna um ihn herum erfreute. Offenbar hatte er zwei Jahre lang am offenen Fenster in aller Stille in seinem Papageienköpfchen alles an Geräuschen gespeichert, was auch nur ansatzweise nervtötend wirkte, und war nun bereit, eine breite Öffentlichkeit an seinem umfangreichen Repertoire teilhaben zu lassen.

Sobald seine Besitzer morgens den Papageienkäfig auf den Balkon geschoben und sich dann auf den Weg ins Büro gemacht hatten, begann er zum Aufwärmen mit Vogelstimmen. Erst machte er Meisen nach – aber mit einer Kraft und Lautstärke, die alle echten Meisen in der Umgebung schamhaft verstummen ließ: Der Papagei klang wie eine aufgepumpte Über-Meise aus einem amerikanischen Supermeisen-Film. Es folgten Amsel, Drossel Fink und Star und dann: Der Specht. Der Specht des Papageis klang wie ein Presslufthammer-Geschwader und so bombastisch, dass man sich unvermittelt umsah, ob nicht gleich irgendwelche Äste vom Baum fallen würden. Stattdessen sah man nur Bunt- und Mittelspechte, die sich beunruhigt davonschlichen. Einer solchen Konkurrenz fühlten sie sich nicht gewachsen.

War der Papagei mit dem ersten Teil seines Repertoires durch, legte er eine kleine Siesta ein, um anschließend erfrischt und wie mit dem zweiten Teil seiner Vorstellung weiterzumachen: Ein buntes Medley aus den unterschiedlichsten Smartphone-Klingeltönen, E-Mail-Geräusche (ein- wie ausgehende Mails) und SMS-Klänge. Außerdem beherrschte er ungefähr siebenunddreißig verschiedene Klingeltöne. Das Gebell meiner und sämtlicher anderen Hunde in der Nachbarschaft imitierte er so perfekt, dass sich wiederum alle Hunde, die sich zufällig in den Gärten oder an offenen Fenstern aufhielten, umgehend angesprochen und zu wütenden Kommentaren berufen fühlten. Das Gebell in der Umgebung war dröhnend, bis der Papagei seinen Auftritt wahrlich mit Knall beendete: Nämlich mit Schüssen. Schüssen aus Krimis, aus Westernfilmen und solchen, die er aus dem Wald gehört hatte.

Seine Besitzer waren übrigens vollkommen ahnungslos: In ihrem Beisein hatte ihr Vogel seinen beeindruckenden Spielplan nämlich noch nie aufgeführt, und alle anderen Nachbarn hüteten sich, sich bei ihnen zu beschweren.

Der Augenblick, als dem lärmempfindlichen Nachbarn der Geduldsfaden riss, war nicht zu überhören. Alle Nachbarn, die gerade irgendwo auf dem 15 Hektar großen Gelände verteilt im Freien saßen, standen oder liefen, hörten, wie er zum Balkon des Papageienbesitzers hinaufbrüllte: „Dein Papagei ist verdammt laut", schrie er. „Kriegste das vielleicht mal in den Griff?"

Immerhin: Meine Hunde und ich wurden nie wieder von ihm behelligt. Man sollte sich bei allem, was einen stört, gut überlegen, wie sehr man dagegen ankämpft: Es geht nämlich immer noch schlimmer.

21

Während man in der Großstadt in Ekstase gerät, wenn man Singvögel im Garten entdeckt (Spatzen nicht mitgerechnet), bekommt man es in ländlicher Umgebung mit größeren Kalibern zu tun. Meine Freundin Anne lebte außerhalb von Potsdam am Sacrower See und erzählte mir eines Morgens, dass sie in der vergangenen Woche immer wieder ein Wildschwein in ihrem Garten gesehen hätte. Sie schwärmte von der Naturnähe ihrer Behausung, wo sie Fuchs und Hase dabei beobachten könne, wie sie sich Gute Nacht sagten. Ich dagegen fand die Vorstellung eines Wildschweins im Garten nicht ganz so romantisch und murmelte etwas vom Stadtjäger, den man mal anrufen solle. „Nein!" rief Anne entsetzt. „Womöglich erschießt er das Wildschwein noch!" Die Berliner haben ein eigenartiges Verhältnis zu den etwa 5 000 Stück Schwarzwild, die mitten in Berlin leben, in Charlottenburg den Verkehr aufhalten, auf Parkplätzen Spaziergänger um Futter anbetteln, sich im Winter auf die Avus legen und den Verkehr für Stunden komplett lahmlegen, weil sie sich die Bäuche auf dem warmen Teer wärmen und insgesamt ein sorgloses Leben führen. In solchen Momenten gehen ihnen die Wildschweine auf die Nerven, gleichzeitig füttern sie die Schweine, alte Damen fahren mit dem Fahrrad in den Grunewald und bringen ihnen Brot, Äpfelchen und gesundes Gemüse, Schulkinder füttern sie mit Kartoffelchips und heulen, wenn die Schweine zickig werden, wenn die Mitbringsel alle sind. Im Dschungel der Großstadt ist es den wenigen Stadtjägern praktisch unmöglich, einzelne Schweine zu schießen, weil immer irgendwo ein Jogger, ein Fahrradfahrer oder ein Schulkind vorbeikommt, selbst mitten in der Nacht. Aufgrund der hervorragenden Versorgungslage werden die weiblichen Tiere mittlerweile schon mit neun Monaten das erste Mal „rauschig“, wie man die Fortpflanzungszeit nennt, und von da an zweimal jährlich, nicht nur einmal wie Wildschweine in „normalen“ Umgebungen. Weshalb die Berliner Wildschweine – so wie jeder andere Berliner auch – der Meinung sind, die Stadt gehöre ihnen ganz alleine.

Das Wildschwein im Garten meiner Freundin war eine Bache, wie sich herausstellte, als die Kinder des Hauses eines Morgens in die Schule gehen wollten und sich einem wutschnaubenden großen struppigen Schwein gegenüber sahen, das in der Nacht unter dem Flieder ihre Jungen geboren hatte und sie nun auf Leben und Tod vor zwei kleinen Schulmädchen beschützen wollte.

Sagen wir es mal so: Die nächsten Wochen wurden schwierig. Meine Freundin Anne und ihre Familie konnten das Haus nicht mehr verlassen, ohne einen Tobsuchtsanfall bei ihrer Untermieterin, Mama Schwein auszulösen. Also kletterten sie während dieser Zeit immer aus dem hinteren Küchenfenster, um sich über den Nachbargarten aus dem direkten Umfeld der Bache zu schleichen. Für die Kinder war es natürlich ein Erlebnis, die kleine Familie aufwachsen zu sehen, wie die kleinen Frischlinge sich entwickelten und immer größer wurden, Mamis Beete und Papis englischen Rasen komplett zerwühlten und schließlich den Hund des Hauses schwer am Hinterbein verletzten, der in einem vergesslichen Moment gedankenverloren im Garten herumschnüffelte. Ich bin nicht sicher, ob sie als Erwachsene die pazifistische Haltung ihrer Mutter gegenüber Schwarzwild im Garten teilen werden.

22

Wir hatten ein ähnlich dramatisches Erlebnis, allerdings mit einem Reh. In dem Park, in dem unser Haus stand, waren zwei Rehe mit eingezäunt worden, als sich die Tore sozusagen schlossen, und die beiden Rehe verfügten dabei nicht wie die übrigen Anwohner über eine Fernbedienung. Andererseits schien es ihnen ganz gut zu gefallen: Es gab genügend Nahrung, sie wurden völlig in Ruhe gelassen und fanden in dem brachliegenden Unterholz ausreichend Plätze, in denen sie unbescholten schlafen konnten. Erst während der Brunft wurden sie unruhig, rasten nachts plötzlich vors Auto, wenn man nach Hause kam, oder schossen am helllichten Tag durch die Kindergartengruppen, ohne Ziel, Sinn oder Verstand. Es gelang mir, den Zaun an einer Stelle so aufzubiegen, dass immerhin das eine Reh den Wink mit dem Zaunpfahl verstand und verschwand. Das andere dagegen rannte immer noch mit wachsender Nervosität im Zickzack übers Gelände. Eines Wintermorgens lud ich gerade die Hunde in mein Auto, als Fritz und Luise praktisch über meinen Kopf hinweg sprangen: Aus dem Augenwinkel sah ich, dass nur etwa vier Meter hinter mir plötzlich das Reh stand, was meine Hunde ihre gute Erziehung vollkommen vergessen ließ. Sie hetzten hinter dem Reh her, was ich nur an Luises Hetzlauten erkennen konnte, während ich versuchte, anhand des Gebells in etwa zu orten, wo sie gerade waren.

Auf einmal kam Luise sichtlich betroffen zu mir zurück, dann folgte Fritz mit einem ähnlich betretenen Ausdruck. Es stellte sich heraus, dass sie das Reh in den Zaun getrieben hatten, dann aber auch nicht wussten, was sie mit dem panisch schreienden Tier anfangen sollten – blutrünstig waren beide nicht, ihnen war es nur um die Hatz gegangen.

Die Nachbarn befreiten das Reh unglücklicherweise, denn nach ihrer Aussage lief es seltsam – was ja auch kein Wunder war, wenn es mit 35 km/h gegen einen Mattenzaun gerast war. Eine der Nachbarinnen erzählte mir fassungslos, wie schrecklich das Reh geschrien hätte – bevor sie zu ihrem Wildgulasch auf dem Herd zurückkehrte. Ich suchte das Gelände nach dem Reh ab, konnte es auf 15 Hektar aber nirgends entdecken.

Erst am nächsten Tag sah ich es, wie es hinter dem Zaun an einem Tümpel lag und schlief – was nicht für seinen gesundheitlichen Zustand sprach. Ich machte ein bisschen Krach, um es hochzuschrecken, aber es wendete nur müde den Kopf.

Ich habe viel Wild gesehen, das angefahren wurde und nicht mehr aufstehen konnte, das irgendwo lag und langsam verendete, nachdem es von Hunden von Spaziergängern erwischt worden war, und finde die Vorstellung der Schmerzen, die die Tiere erleiden müssen, unerträglich. Für mich ist es eine Pflicht, die Tiere von Leid zu erlösen – zumal ich diese Verletzungen ja indirekt verursacht hatte, oder meine Hunde, auch wenn die nach meinem Dafürhalten nicht wirklich etwas dafür konnten: „Was hat das Reh denn in befriedetem Gelände zu suchen?“, wie mein Onkel es streng formulierte, dem ich die Sache schilderte. Ich rief also den Stadtjäger an – auch wenn unser Park mitten im Wald lag, ist innerhalb einer Umzäunung nicht mehr der Förster bzw. sein Jäger zuständig, sondern eben der Stadtjäger –, um das Reh zu erlösen.

Der Stadtjäger erschien mit zwei Polizisten im Schlepptau (hierzulande muss alles seine Ordnung haben: Man kann in einem Wohnbereich nicht einfach herumschießen, ohne die Polizei zu verständigen – es könnte ja sein, dass man dem Jäger die lästige Schwiegermutter als Wildsau verkaufen möchte), die bestens gelaunt waren, weil sie auf diese Weise die Gelegenheit bekamen, die Anlage einmal von innen zu sehen. Der Stadtjäger selbst war ein Unikum: Während DDR-Zeiten war er ein bekannter Schauspieler gewesen, nun aber, mit weit über siebzig, fand er seinen Frieden darin, den lieben langen Tag auf dem Hochsitz zu hocken und Wild zu beobachten. Er fuhr einen riesigen, uralten Pick-Up, aus dem ein Rauhaardackel sprang, der Wagen und Fahrer an Alter und Weisheit in nichts zurückstand.

Der Dackel „Biene" wurde nun an eine neonfarbene Schleppleine gelegt und erhielt einen Suchauftrag. Sie zockelte gemütlich los, lief hierhin und dorthin, und nach etwa vierzig Minuten beschlich mich der Verdacht, dass sie sich ganz nebenbei den ganzen Park ansah inklusive aller Spuren und Hinterlassenschaften der anwohnenden Hundekollegen. Trotzdem schien sie dem Reh näherzukommen, wie ihre wachsende Aufregung verriet, es wäre sicherlich nur noch eine Frage von zwanzig Minuten gewesen, bis sie das Reh gefunden hätte – wenn es nicht einer der Polizisten vor ihr gesehen hätte. Es lag zusammengerollt im Unterholz, den Kopf anmutig auf den Rücken gelegt, aber es sah nicht gut aus.

Als der Jäger schoss, hatte ich mich längst abgewendet. Ich bin ein Kind aus einer Jägerfamilie, ich weiß um die Notwendigkeit der Jagd, habe viele Jagden miterlebt und hatte diese Erlösung ja selbst „bestellt" – aber ich werde mich trotzdem nie an den eigentlichen, gewalttätigen Moment des Schusses gewöhnen. Obwohl ich weiß, dass kein Tod schneller und schmerzloser ist als ein Schuss aus zwei Meter Entfernung. Ich wünschte, die Welt wäre anders, aber sie ist es eben nicht.

In den nächsten sechs Jahren musste ich den Förster oder dessen Jäger immer wieder anrufen, weil die Hunde und ich krankes Wild fanden. Der Förster verließ sich bald schon darauf, dass ich ihm zerrissene Zäune, Drahtreste oder gefährlich abstehende Nägel meldete. Als ein neuer Pächter ein angrenzendes Revier übernahm und beim Förster nachfragte, wer denn „die Frau sei, die immer mit so vielen Hunden durch die Gegend läuft, und alle ohne Leine“, antwortete er: „Ach, das ist Frau von der Leyen. Die Hunde sind frei, aber sie hat sie eigentlich gut im Griff. Sie findet immer viele Sachen, weil sie an so merkwürdigen Stellen spazieren geht. Bei der muss man Schaden und Nutzen abwägen.“

23

Vielleicht lebe ich so gerne auf dem Land, weil es dort möglich ist, eine ganze Woche lang fast kein Wort zu sprechen. Das ist eine Lebenserfahrung, die man unmöglich *in* Berlin machen kann, wo schon die bloße Nähe zu völlig Fremden einen komplett sinnlosen verbalen Austausch hervorruft. Ich bezeichne das als verbalen Austausch, weil ich Aussprachen wie „Ich war hier aber zuerst!" – „Na und? Wollen Sie dafür jetzt eine Medaille?" oder „Guten Morgen!" – „Es wäre ein besserer Morgen, wenn Ihre Hunde angeleint wären!" kaum als Konversation bezeichnen kann.

Über längere Zeiträume hinweg möglichst wenig zu sprechen ist für mich als Schreiber wichtig, um überhaupt schriftliche Sätze sinnvoll aneinanderreihen zu können. Aus der Stille und der (vermeintlichen) Langeweile ergeben sich Gedanken, aus denen Texte werden – *nicht* aus Ablenkung und interessanten Gesprächen.

Darum ist das Leben mit Hunden für Schreiber ideal. Ihr Bedarf an Konversation ist gering, obwohl man ihnen durchaus Dinge erzählen oder vorlesen kann und sie einen dabei ansehen, als hätten sie noch nie etwas so Faszinierendes gehört. Obwohl das mit manchen Männern auch funktioniert. Für die ist ein wirklich bahnbrechender Punkt in der Beziehung erreicht, wenn er sich so entspannt fühlt, dass er seiner Liebsten – und nur ihr – das wertvolle Geschenk der einsilbigen Antworten macht. Jeder weiß, wie man eine erfolgreiche, langjährige Beziehung erkennt: Sehen Sie sich in einem beliebigen Restaurant um, bis sie den Tisch entdecken, an dem ein Paar kein Wort spricht. Ah – *das* nenne ich Liebe.

24

Auf Hundespaziergängen kann man sich großartig als Sachensucher betätigen. Man findet die erstaunlichsten Dinge: Autoreifen mitten im Park, Regale, Teekannen, einzelne Schuhe (man fragt sich: Was ist mit dem zweiten passiert? Ist da jemand wirklich mit nur einem Schuh nach Hause gegangen?), die vielen bunten Unterhosen gar nicht erst mitgezählt. Schön auch die leuchtend blauen Müllsäcke, die von Naturfreunden im Wald abgeladen werden und den Rasenschnitt aus dem heimischen Garten beinhalten, was nach einer gewissen Phase der Gärung riecht wie etwas, was man im „Tatort" vermutet. Zweimal fanden wir im Viktoriapark tote Katzen, die jemand dort offenbar mitsamt hübschen Kissenbezügen begraben hatte, bloß eben nicht tief genug, sodass ein neugieriger Fuchs sie wieder herausholte.

Hundespaziergängern bleibt wirklich nichts erspart.

Im Wald schleppten meine Hunde Vorderläufe von Rehwild an, Schädel von Frischlingen oder dicke, geschwungene Wirbelsäulen von Kälbern. Solche Dinge sind mir relativ egal; ich lasse sie die Beute apportieren und mit unverhohlenem Stolz fremden Spaziergängern präsentieren – nur wenn die Hunde diese Funde unbedingt in die heimische Spielzeugkiste integrieren wollen, streike ich.

Tatsächlich rechne ich täglich damit, eine Leiche zu finden. Es wäre nicht mein erster Toter auf einem Hundespaziergang: Als ich mit unschuldigen einundzwanzig Jahren nach New York zog, fand mein damaliger Hund in unserer ersten Woche beim Spaziergang einen sorgfältig in Karton eingewickelten kürzlich verstorbenen Obdachlosen.

Das war lange, bevor die ganze Stadt von Giuliani gesäubert worden war, als es in SoHo noch Crackhäuser und Armenspeisungen gab, an deren Stelle jetzt überall Bürohäuser, Tee- und Kerzengeschäfte stehen.

Es gibt eine auffällig häufige Verlinkung zwischen Hundespaziergängern und Leichen. Jeder, der regelmäßig Krimis im Fernsehen ansieht, weiß das natürlich, aber als ich im Internet recherchierte, war ich doch überrascht, wie oft das in Wirklichkeit passiert: Woche für Woche entdecken sanftmütige, gutgelaunte Menschen irgendwo auf der Welt beim Ausführen ihrer Hunde andere Leute, die durch einen Gewaltakt ein vorzeitiges Ende fanden. Neulich ging jemand in Neuseeland mit seinem Hund am Strand spazieren, als sein Hund einen Schuh fand – in dem sich noch ein menschlicher Fuß befand. Oder der Spaziergänger, dessen Hund gerade eine im Gestrüpp verfangene Wasserleiche fand. Oder der Engländer, der seinen Cocker Spaniel ausführte und einen abgetrennten Kopf entdeckte, ein Opfer einer Attacke durch ein Samurai-Schwert.

Hundeausführer und Mörder frequentieren die gleichen abgelegenen Gegenden: möglichst brach liegende leere Grundstücke, einsame Parkecken oder Waldstücke – Mörder, weil sie eine Leiche loswerden wollen, Hundebesitzer, weil sie zu faul sind, die Haufen ihrer Hunde aufzuheben oder einfach etwas Einsamkeit und Ruhe suchen. Hundebesitzer spazieren in diesen Gegenden außerdem schon sehr früh am Morgen oder spätnachts herum, was ihnen einen zeitlichen Vorteil für das Entdecken frisch abgeladener Toter einräumt. Ganz abgesehen davon, dass Hundenasen hervorragend dafür geeignet sind, achtlos entsorgte und nachlässig verborgene Leichen zu finden. Sie üben derlei ja das ganze Jahr über mit totem Getier und halbverwesten Fischen, und ich nehme mal an, für Hunde ist das eine so gut wie das andere. Was Leichen betrifft, sind Hunde Demokraten.

Meiner Meinung nach sollte die Polizei Hundebesitzer ganz offiziell rekrutieren: Hunde sind im Entdecken von Leichen, Leichenteilen oder Indizien ausgesprochen nützlich. Natürlich bringt es überhaupt nichts, wenn die Vierbeiner per Leinenpflicht gezwungen werden, im Abstand von einem Meter am Band neben ihren Menschen her zu trotten. Noch ein Grund, warum Hundebesitzer so verdammt früh unterwegs sind. Neulich fand ein Mann in Göttingen um halb fünf Uhr früh eine Leiche in einer Grünanlage. Was er dort so früh machte, wollte die Polizei wissen? Sie haben richtig geraten: Er führte seinen Hund spazieren.

In diesem Bewusstsein (aus der Kategorie: Wissen, das die Welt nicht braucht) und weil uns sowieso immer so merkwürdige Dinge passieren, weigerte ich mich auch, einen sehr großen blauen Müllsack zu inspizieren, von dem sich meine Hunde magisch angezogen fühlten. Es war irgendetwas darin, was groß und schwer war – kein Gartenschnitt, dafür war die Form zu seltsam. Auf dem Rückweg lag der Sack immer noch da. Meine Hunde waren genauso überzeugt wie vorher, dass es ein unwiederbringlicher Verlust wäre, wenn wir – also ich – *nicht* hineinsähen. Also fasste ich mir ein Herz, und was ich fand, war nicht schön: Ein Rumpf eines Tieres, eines Kälbchens, eines Ponys, irgendetwas ohne Beine und ohne Kopf. Ich war fassungslos und rief den Förster an, damit er sich um die Sache kümmern würde.

Es war, wie sich später herausstellte, einmal ein Hirschkalb gewesen. Die Beine hatte derjenige abgetrennt, weil er das Tier sonst nicht in den Müllsack bekommen hätte, den Kopf hatte er vielleicht als Trophäe mitgenommen. Wer zum Teufel machte denn so was? „Sowas machen Wilderer", meinte Gustav der Förster auf seine trockene, vermeintlich ungerührte Art. „Waffennarren. Denen geht es nicht ums Fleisch. Die wollen auch mal auf etwas Lebendiges schießen, und wenn man auf Menschen schießt, gibt es so viel Ärger. Ja. So ist das."

Wo lebte ich eigentlich?

25

Als Hundebesitzer stehe ich der warmen Jahreszeit durchaus kritisch gegenüber. Normalerweise verbindet man den Sommer mit einem leichten Gefühl – das aus der Werbung bekannte „Summerfeeling" –, mit Badesaison, Ferien und Piña Colada. Auch mich umweht ein Hauch von Kokos. Das liegt aber nicht an köstlichen bunten Cocktails, sondern an dem Öl, mit dem ich meine Hunde gegen Zecken einreibe.

Während andere Leute sich ein blumiges Sommerparfum aussuchen, sozusagen das Äquivalent ihrer Garderobe aus zartem Chiffon und anderen luftigen Stoffen, heißt mein persönlicher Sommerduft „Anti-Brumm forte", mit dem ich mich einsprühe, wenn ich zwei- bis dreimal täglich mit meinen Hunden Wald- und Wiesenspaziergänge mache. Super gegen Mücken und Zecken und überdeckt jeglichen Eigengeruch. Dabei gehe ich natürlich auch nicht in leichten Stoffen spazieren, sondern in langen Hosen, um nicht mit völlig zerstochenen oder zerkratzten Beinen nach Hause zu kommen. Auch meine Kollektion an eleganten Sommersandalen hält sich in Grenzen: Stattdessen habe ich Converse-Turnschuhe in allen Variationen, um mich trittsicher vorwärts bewegen zu können. Ich bin also ein sportlicher Typ. Aber an mir liegt das nicht. Eher an meinen Hunden.

Die Hunde, na klar, lieben Sommer. Jedes Jahr entdecken sie zu Beginn der Gartensaison wieder den Gärtner in sich und graben Löcher in den Rasen, die direkt in die Mongolei führen. Dann gilt es, den sorgfältig angelegten Vorrat an Knochen, Socken und Spielsachen, den sie im vergangenen Jahr in den Beeten angelegt haben, zu überprüfen: Leider wissen sie meistens nicht mehr ganz punktgenau, wo sich diese Verstecke befanden, also graben sie einfach mal großflächig alles um. Darum wachsen bei mir die Tulpen, Taubenhyazinthen und anderen Zwiebelblumen nie da, wo ich sie ursprünglich gepflanzt hatte, sondern erblühen willkürlich verstreut an den erstaunlichsten Stellen.

Ein großer Spaß ist es auch, wenn der Rasensprenger angestellt ist: Wie nackte kleine Kinder rasen meine Hunde bellend durch den Wasserstrahl, was erstens meinen lärmempfindlichen und im Sommer dementsprechend dauerempörten Nachbarn auf den Plan brachte, und zweitens mich mit allen verfügbaren Handtüchern. Denn anders als kleine Kinder panieren sich nasse Hunde phantasievoll mit gesunder schwarzer Humuserde oder schickem grünen Grasschnitt, bevor sie sich im kühlen Haus von dem lustigen Spiel erholen wollen.

Im Sommer standen bei uns gewöhnlich alle Türen und Fenster offen, sodass die Hunde den ganzen Tag fröhlich vom Garten ins Haus und wieder nach draußen rannten. Das sorgte für ein gewisses Feriengefühl auf dem Parkettboden: Ich musste gar nicht an den Strand! Schöner als in meinem Flur konnte es da gar nicht sein. Vor allem privater. Denn ist man auch im Frühling, Herbst und Winter an allen Stränden, Seen und Meeren mit sich, der Natur und seinem Hund allein, sind die meisten Wasserzugänge im Sommer für Hunde gesperrt. Scharenweise liegen Menschen auf Wolldecken und Badehandtüchern herum. Die Strände, die nicht für Hunde gesperrt sind, liegen zumeist direkt neben dem FKK-Strand, und das ist eine Aussicht, der ich in den meisten Fällen nicht gewachsen bin. Ganz abgesehen davon, dass ein Hund, der gerade aus dem Meer kommt, gewöhnlich wahnsinnig froh darüber ist, den Fluten wieder entkommen zu sein und wieder festen Boden unter den Füßen zu haben, und möchte alle Welt an dieser Freude teilhaben lassen. Sie rasen herum, dass der Sand nur so spritzt, werfen sich selig auf fremde Handtücher, untersuchen dabei schnell und beiläufig den Picknickkorb völlig Fremder, falls dort gerade ein Leberwurstbrot verderben sollte, und schnappen sich den Ball eines Kindes, das gerade bei diesem Thema zufällig gar keinen Spaß versteht.

Natürlich ist der Sommer auch bei uns Haupt-Badesaison, aber nicht so, wie Sie denken. Mein Hundeshampoo-Verbrauch steigt in den warmen Monaten beträchtlich. Der Hitze wegen werfen sich die Hunde unterwegs zur Abkühlung in jedes feuchte Schlammloch, jeden Bach oder Tümpel, was für ein intensives modriges Aroma sorgt. Außerdem sind im Winter die Möglichkeiten, sich in fiesen Dingen zu wälzen, deutlich begrenzter, weil alles geruchsfrei tiefgefroren ist. Im Sommer dagegen entwickeln Maulwurfkadaver, von Anglern übriggelassene Fischinnereien und tote Kröten eine ganz andere Kraft, wenn sie in der Schwüle vor sich hin dampfen. Da wird selbst der souveränste Hund schwach.

Keine Ahnung, warum sich alle Leute immer wünschen, die matschige Frühjahrs- oder Herbstsaison möge bald vorbei sein: Da bleiben die Gartentüren wenigstens zu, man trocknet den Hunden die Pfoten nach jedem Spaziergang, und damit hat es sich.

Um es mal frei mit Karl Valentin zu sagen: Sommer ist schön, macht aber auch viel Arbeit.

26

Gretel schien der Meinung zu sein, ein wenig Gartenarbeit sei genau die richtige Beschäftigung für einen jungen, aufstrebenden Hund. Anfangs versuchte sie mehrfach, die Nacktschnecken zu fressen, was ich sehr begrüßte, aber sie fand sie leider auch widerlich. Die Weinbergschnecken, die ich aussetzte, damit sie die Brut der hortensienfressenden Nacktschnecken fressen sollten, fand sie allerdings hochinteressant und kullerte sie überall herum, sodass ich fürchtete, sie würden lange Zeit vor lauter Seekrankheit überhaupt nichts mehr fressen. Mein Garten hatte aus mir unbekannten Gründen eine magische Anziehungskraft für die Tierwelt. Eines Morgens im Winter sah ich aus dem Fenster und sah einen großen Steinmarder, der an einem Müsli-Futterzapfen hing und versonnen schaukelte. Er fraß gar nicht, sondern machte offenbar ein gemütliches Nickerchen mit dem Duft ausgesuchter Körner und gesundem Fett in der Nase. Sein unglaublich glänzendes Fell verriet mir allerdings, dass er – wie offenbar alle Marderarten unseres Waldes – nicht zum ersten Mal diese Premium-Bio-Fettmahlzeit zu sich nahm. Als er ein wenig später von den Hunden verjagt wurde, wirkte er irgendwie auch nicht ganz so elegant und leichtfüßig, wie man es von Steinmardern gewohnt ist. – Schuld daran war wahrscheinlich sein nicht zu übersehendes Bäuchlein. Ein Marder mit Figur-Problem, wo gab's denn sowas? Wir hatten auch eine Maus, die dickste, glänzendste Maus, die man je gesehen hatte. Aufgrund ihrer Bio-Vogelfutter-Diät sah sie aus wie die Heidi Klum der Feldmäuse. Auch ihr Sozialverhalten erinnerte an Frau Klum. Sie stapfte selbstbewusst auf unserer Terrasse herum, ließ sich von niemandem beeindrucken und sicherte sich ihre Pfründe. Harry und Fritz empörte das. Nach ihren Informationen stand eine Maus bei uns nicht auf der Gehaltsliste. Sobald sie die Maus durch die Terrassentür entdeckten, schrien sie Zeter und Mordio. Der Maus war das egal. Ich wünschte, sie wäre schüchterner.

Gretel war begeistert von dem Maulwurf, der ausgerechnet meinen Garten auserkoren hatte, um darunter ein ausgeklügeltes System weitschweifender Gänge anzulegen (und zwar tatsächlich *nur* in meinem Garten – seine Bauarbeiten endeten am Zaun zum Nachbargrundstück). Ich teilte ihre Freude keineswegs, auch ihre Bemühungen, den Plagegeist loszuwerden, indem sie ihn ausgrub, fanden bei mir nur wenig Applaus. Es war sicherlich nett gemeint, aber wenig hilfreich, denn meine anfällige, mühsam aufrecht erhaltene Schattenrasenfläche konnte die Zerstörung durch zwei Schädlinge nur schlecht verkraften. Ich kämpfte verbissen mit dem Maulwurf, der es nirgends schöner zu finden schien als bei mir, obwohl ich Lappen mit Buttersäure und stinkende Zitronenkugeln in seine Gänge stopfte. Er nahm es mir nicht übel, sondern legte die Lappen und Kugeln fein säuberlich auf seinen nächsten Maulwurfshaufen.

27

Auch wenn ich geschworen hatte, niemals Radieschen zu züchten, konnte ich der Versuchung, Tomaten zu ziehen, nicht widerstehen. Ich *liebe* Tomaten in jeder Form, Größe und Farbe. Für mich sind sie das köstlichste Gemüse – obwohl die Amerikaner die Tomate ja mittlerweile zum Obst erklärt haben –, und bei mir gibt es praktisch nie etwas zu essen, in dem nicht an irgendeiner Stelle noch Tomaten vorkommen.

Die Tomaten, die ich setzte, waren allerdings keine gewöhnlichen Tomaten. Irgendjemand hatte mir einen Pflanzenkatalog geschickt, in dem keine einzige gewöhnliche Tomate zu finden war, sondern nur „Tomaten mit Tradition" (ich wette, Sie wissen so wenig über Tomaten-Tradition wie ich bis dahin). Ich lernte, dass sie alle einen „individuellen Geschmack" hatten, eine „charakteristische Farbenpracht" und eine „unverwechselbare Form". Ich las mich in dem Tomatenkatalog fest wie der Durchschnittsmann in einem Victorias-Secret-Katalog. Was für poetische, verlockende Beschreibungen! Welch Geschichte! „In der Form so gefällig wie Japanische Trüffeltomaten, dabei sind die Früchte wesentlich größer mit hellgelber Färbung mit leichtem Orange-Stich", stand da über die Beuteltomate aus El Salvador. Ein absolutes Tomaten Must-Have war für mich dann eine rot-gelb gestreifte Stab-Tomate namens „Tigerella". Allein der Name! Die Tigerella konnte man getrost als die Birkin-Bag unter den Tomaten bezeichnen. Ich war nicht mehr zu bremsen. Wie sich herausstellen sollte, war auch Luise nicht mehr zu bremsen. Am 48. Tag hingen die Zweige schwer voller Früchte in hellem Orange mit hellgelben

Streifen wie eine geschmackvolle Weihnachtsbaumdekoration. Dank der mitgelieferten, ausführlichen wissenschaftlichen Tabelle der Tomatensamenversender wusste ich, dass sie bald reif und süß genug sein würden, damit man sie wie einen Apfel oder auf frischem Butterbrot essen konnte. Und dann waren alle Tomaten verschwunden.

Mittlerweile war ich es ja schon gewohnt, dass irgendwelche Tiere meinen Garten für einen Gratis-Supermarkt hielten, aber der Verlust meiner Tomaten traf mich doch hart. Vielleicht war es Futterneid. Ich bin mit zwei Brüdern aufgewachsen, ich teile mein Essen nicht gern.

Das Rätsel löste sich, als ich am Nachmittag an meinem Gartentisch saß und arbeitete. Ich beobachtete, wie Luise ganz entspannt zu den Tomaten spazierte. Vorsichtig, ohne die Tomatenpflanzen zu zertrampeln oder nur zu berühren, pflückte sie sich mit geschürzten Lippen eine meiner heiligen Tigerellas, die unter den Blättern versteckt gewesen war. Sie trug sie über die Wiese an ein schattiges Plätzchen, wo sie sich hinlegte, die Tomate zwischen ihre Pfoten nahm und begann, sie zu verspeisen. Ganz ohne Mozzarella und Basilikum.

Ich traute meinen Augen nicht. Ich wollte gerade „tauschen!“ rufen, aber eigentlich wollte ich keine halbgegessene Tomate. Und immerhin erfreute sie sich offensichtlich an den Früchten meiner Arbeit, denn sie fraß die Tomate ganz langsam, geradezu genüsslich. Luise hatte offensichtlich alle meine gestreiften Tomaten abgefressen, wie sich ein paar Wochen später herausstellte, als in einigen übersehenen Haufen von ihr kleine Tomatenpflänzchen zu sprießen begannen. Dann dachte ich mir: Ohne Hunde hätte ich diesen Garten wahrscheinlich nicht. Ohne Hunde würde ich wahrscheinlich völlig anders leben und wäre nie vom Gartenbesitzer zur Gärtnerin geworden. Das war der Grund, warum ich geduldig blieb, wenn meine Hunde über die Zitronenmelisse trampelten, die Hortensien anpieselten und die Tulpenzwiebeln ausgruben. Früher war ein Garten für mich ein

Ort, wo man die Hunde rausließ, damit man spätnachts keinen Hundespaziergang bei Frost mit einem Mantel über dem Nachthemd machen musste, ein Ort, wo der Grill stand. Das war, bevor ich einen eigenen Garten hatte und feststellte, dass ein Garten mit Hunden nur im geordneten Chaos überleben kann: Gerade Linien aus Phlox und Tulpen konnten kein einziges Ball- oder Frisbeespiel überleben, schon gar nicht eine ganze Jahreszeit. Meine Hunde zeigten mir, wie ich in Einklang mit meiner inneren Gärtnerin kommen konnte. Ich stellte schnell fest, dass zuviele gleiche Pflanzen an einer Stelle nur etwas für hundelose Gärten war. Ein solches Gartendesign lenkte zu viel Aufmerksamkeit auf die eine, traurige Pflanze, die bepieselt oder ausgegraben wurde, oder ausgegraben und dann bepieselt worden war. Kurven und Bögen im Beet-Design kaschieren solche Vorkommnisse, sozusagen als gartenbauliches Äquivalent zu lockigen Haaren: Da merkt auch kein Mensch, ob man sich das Pony krumm und schief geschnitten hat.

Meine Hunde wussten den Garten zu jeder Jahreszeit zu schätzen. Wenn der Garten verschneit war, war das für mich eher ein Grund, das Bett lieber nicht zu verlassen. Ich träumte von einer monatelangen Zuflucht unter meiner gemütlichen Decke. Aber sobald ich die Augen nur einen Spalt weit öffnete, hörte ich das deutliche „flaflapflapflap“, das Harrys Rute auf meinem Laken verursachte, vor lauter Freude, dass ich endlich wach war. Natürlich musste ich dann lächeln, und damit war ich auch in der Lage, in die Küche zu gehen, meinen Espresso aufzusetzen und mich bereit zu machen für die Welt da draußen. Jeden Tag wieder.

28

Ab und zu fuhren wir nach Polen in die Nähe der russischen Grenze – dort, wo früher Ostpreußen lag – auf das wunderschöne Gut eines Freundes, der dort im großen Rahmen Bio-Landwirtschaft betrieb. Meine Hunde benahmen sich binnen kürzester Zeit so, als wären sie geborene Landadelige, plauderten mit den Arbeitern, begleiteten uns lässig bei Ausritten und legten sich malerisch vor die Kamine. In der Küche ließen sie sich von der Köchin mit Fleischwurst füttern, sie streiften über die riesigen Wiesen mit den Angus-Rindern, als wäre das schon immer so, und machten lange, lange Spaziergänge mit mir und dem gutseigenen, gewaltigen Owtscharka-Rüden Pridón, dessen täglicher Job es eigentlich war, die große Schafherde zu beschützen. Ich machte viele Spaziergänge mit dem Jäger Anatol, der mir die ganze Gegend zeigte und Stellen, an denen gewöhnlich Elche ästen, und schnurgerade Wildwechsel mit Pfotenabdrücken, die wie Hundepfoten wirkten: Tatsächlich aber waren es Wolfsspuren, denn Hunde laufen nicht auf so geraden Linien. Bei einem unserer Ausflüge entdeckten wir in einem sumpfigen Gebiet vollkommen abgenagte Bäume und einen großen Damm: Es gab hier Biber.

Bei unserem nächsten Besuch ein paar Monate später war durch die Biber ziemlicher Schaden entstanden: Sie hatten mehrere Obstbäume umgelegt und hatten gerade versucht, sich an einer dreihundert Jahre alten Buche in der Allee gütlich zu tun, was wirklich sehr traurig war – vor allem, wenn man bedenkt, was diese – völlig gesunden – Buchen alles erlebt und überdauert hatten, und nun beschlossen ein paar Biber, jetzt sei Schluss mit lustig.

Einer der Biber war an den Teich vor dem Gutshaus gezogen. So idyllisch das klingt – immerhin stehen sie unter Naturschutz und galten in Westeuropa lange Zeit als so gut wie verschwunden –, so viel Schaden können die niedlichen Tierchen anrichten. Irgendwann saßen wir nachtens auf der Terrasse. Der Mond war so hell, dass man in seinem Licht ohne Weiteres hätte lesen können. Einen Mond wie diesen sieht man nicht in der Stadt: Das Licht ist seltsam, flach, blau, beinahe fluoreszierend. Es hinterlässt auf allem, was es bescheint, einen Heiligenschein. Und da sahen wir ihn: Einen riesengroßen Biber, der aus dem Gemüsegarten spaziert kam, ohne Eile und ziemlich kugelrund. Er schien sich im Mondlicht zu sonnen und sich im Park so wohlzufühlen wie Brigitte Bardot an der Riviera.

Bevor er sich also über die majestätischen Alleen hermachen konnte, die immerhin Friedrich II. hatte pflanzen lassen, berief ich ein Krisengespräch mit Anatol ein, wie man des Bibers habhaft werden könnte. Ob er eine Idee habe?

„Nein", sagte er auf polnisch.

Gar keine?

Biber stünden unter Naturschutz, sagte er, er dürfe sie also nicht schießen.

Das sei ja auch nicht der Plan, erklärte ich. Aber was denn mit Lebendfallen sei?

Nein, also damit kenne er sich nicht aus.

Aber irgendjemand anderes vielleicht?

Nein. Alle Leute, die sich jemals mit Biberfallen ausgekannt hatten, seien inzwischen tot.

Das Biberproblem sei wohl ganz allein mein Problem. Er jedenfalls könne mir da nicht helfen.

Wäre es überflüssig zu erwähnen, dass Anatol die Arbeit nicht direkt erfunden hatte.

Im Internet fand ich Biberfallen, die riesig waren: Man hätte ohne Probleme mehrere Großpudel oder Kinder darin unterbringen können. Das liegt daran, dass erwachsene Bibermännchen tatsächlich bis zu 40 Kilo wiegen können. Ich war selbst erstaunt. Bei Walt Disney sahen sie immer so klein, rundlich und niedlich aus. Entsprechend mühsam war es, den gewaltigen Käfig zu bekommen: Er wurde mit einem riesigen Lastwagen transportiert, und mehrere Männer schleppten ihn anschließend an den bisher sehr hübschen Teich, wo er wie ein Gitter-Monster hockte. Wir verkleideten ihn mit Zweigen und Camouflage-Netzen, aber irgendwie nahm er dem Teich doch Einiges an Romantik.

Das nächste Problem war, dass niemand wusste, womit man Biber in die wenig einladend aussehenden Fallen locken könnte. Ich war wild entschlossen, ein kleines Potpourri aus verschiedenen Holzsorten anzubieten; ich dachte an frisches Obstholz, etwas Eiche und vielleicht einen antiken Stuhl zum Nachtisch. Anatol meinte, es sei ein polnischer Biber, also müsse ein Schnaps eigentlich reichen. Keiner von uns wusste weiter, also rief ich den Biber-Beauftragten des Naturschutzbundes in Bayern an, der mir erklärte, Biber würde man am besten mit Äpfeln, Karotten und frischen Bananen fangen. Aaaaaaber, sagte er dann: Damit sei es nicht getan. Wenn wir den Biber dann gefangen hätten, müssten wir ihn – denn er steht ja unter Naturschutz, obwohl er ohne das geringste Gefühl für die Natur komplette Wälder niedermäht und in traurige Sumpflandschaften verwandelt – in irgendeine Gegend fahren, wo ganz sicher kein anderer Biber leben würde, denn Biber seien unglaublich territorial und prügelten sich miteinander bis aufs Blut. Im Übrigen sei bekannt, dass Biber auch wieder nach Hause fänden. Am besten wäre es, wir würden einen eventuell gefangenen Biber über die russische Grenze fahren. Eine gänzlich biberfreie Gegend scheint es aber in ganz Polen nicht zu geben: Die Tiere gedeihen hier prächtig und völlig ungestört.

Dieses Problem stellte sich vorläufig sowieso nicht. Die Falle wurde am unteren Teichende aufgestellt und mit frischem Obstsalat bestückt. Wir fingen zwei Katzen, Teichhühner, Marder, einen Dachs, mehrere Enten und auch sonst alles darin, was die polnische wassernahe Fauna zu bieten hatte. Nur der Biber blieb völlig unbeeindruckt. Er machte sich über den Gemüsegarten her und fraß alles, was angewachsen war – Fallobst ließ er liegen. Kein Wunder, dass er die Falle ignorierte, egal, wie köstlich der darin servierte, von mir eigenhändig in mundgerechte kleine Stücke geschnittene Obstsalat war: Warum sollte er sich die Mühe machen, in den Käfig zu klettern, wenn er sozusagen den ganzen Garten Eden vor sich hatte?

Ein paar Tage lang beobachteten wir ihn, wie er sich im Gemüsegarten gütlich tat. Ein halbes Jahr später hatte er sich eine Frau angelacht und produzierte fleißig Nachwuchs.

Manchmal, bei Mondlicht, konnten wir ihn mit seiner Sippe auf der kleinen Brücke am Teich sitzen sehen. Ich könnte schwören, dass er uns freundlich zuwinkte.

29

Meine Freundin Inga meint, ich sei ein Tier-Magnet. Sie findet das wahnsinnig lustig, während es mich tatsächlich eher quält: Wo immer ich erscheine, in welchen Wald ich einen Fuß setze, machen sich alle Tiere des Waldes auf, meinen Weg zu kreuzen, mir vor die Füße zu fallen, oder mich anzuspringen. Einmal sahen wir beim Hundespaziergang mit Luise, Gretel, Fritz und Harry weit, weit entfernt zwei Rehböcke, die flüchteten, als sie uns sahen. Plötzlich drehte der eine Bock ab und rannte direkt auf uns zu, was ich in meiner Schlafmützigkeit gar nicht richtig begriff, bis ich dem Rehbock direkt in die Augen blickte. Das kam ihm selbst komisch vor, aber da stolperte er schon über Harrys Leine und rannte weiter. Aber nun war es um die Fassung meiner Hunde geschehen: Fritz und Gretel rasten hinterher, Luise, die auch angeleint war, bellte hysterisch, ich raste hinter den Hunden her, die hinter einer Kurve verschwunden waren, und wo eine dicke Frau mit einem Fahrrad stand, uns mit offenem Mund anstarrte und meinte: „Sie haben Ihre Hunde ja überhaupt nicht im Griff!"

Einmal landete ein Kranich versehentlich vor meinen Füßen, sodass die Hunde und ich erschrocken in Deckung gingen, weil wir einen Moment befürchteten, er würde auf uns landen (und wurden dann von dem Kranich empört angeschrien, weil wir in seine Landebahn geraten waren). Eines Tages kamen wir von einem Hundespaziergang nach Hause, und in der Küche sah es aus, als hätte ein Einbrecher nach meinen Juwelen im Zuckertopf gesucht: *Alles* war um- und ausgekippt, das Mehl lag auf dem Boden, die Nudeln darin,

Haferflocken, Reis und Linsen flogen durch die Küche, Kakao-Tüten waren aufgerissen, das Obst lag auf der Erde. Ich lasse in meinem grenzenlosen Vertrauen in die Menschheit gerne alle Türen und Fenster auf; zu holen gibt es bei mir sowieso nichts, und wer in einen Haushalt einbricht, in dem so viele Hunde leben, der hat sowieso nicht alle Tassen im Schrank.

Mitten in dem Küchenchaos saß ein Waschbär, der mich mit aufgerissenen Augen anstarrte, als hätte ich ihn gerade in flagranti erwischt. Als er sich umdrehte, machte er fast einen Salto und schoß aus der Gartentür hinaus, bevor die Hunde überhaupt begriffen hatten, was los war. Egal, wo ich spazieren gehe, und wenn ich mich hundertmal vorher erkundige, ob es irgendwo eine wildarme Gegend gibt: Wenn ich mit meinen Hunden auftauche, kommt das Wild aus seiner Deckung.

Möglicherweise ist diese unerklärliche Anziehungskraft, die ich auf das Wildlife in meiner Umgebung auszuüben scheine, der Grund dafür, warum meine Hunde gewöhnlich ziemlich ungerührt blieben, wenn wir Wild begegneten: Sie waren praktisch auf du und du mit den Tieren des Waldes.

30

Nach Idas Tod hatte Luise spät angefangen zu trauern. Eine Weile ging sie vielleicht noch davon aus, Ida sei nur verreist. Dann stellte ich fest, dass sie auf den Spaziergängen immer mehr bei mir blieb. Ich bemerkte es vielleicht nicht sofort, hoffte, sie wäre einfach neuerdings irrsinnig artig, oder schrieb es einer plötzlich eingetretenen Altersmilde zu. Aber neben einer eindeutigen Trauer über den Verlust ihrer Freundin, mit der sie sechs intensive Jahre ihres Lebens geteilt hatte, wurde es außerdem deutlich, dass da noch mehr war: Irgendwie tat ihr ihr Rücken weh. Manchmal schien es so, als wäre es mühsam für sie aufzustehen, und wenn sie schlief, dann oft so fest, dass man sie richtig wecken musste. Der Grund, warum sie also weniger durch den Wald raste, waren Schmerzen. Nach meiner Erfahrung mit Ida war ich in diesem Punkt wenig tolerant: Schmerzen beim Laufen sind für mich ein Unding. Und so begann eine lange Odysee von Tierarzt zu Tierarzt. Der eine fand, dass sie eine altersbedingte, leichte HD hatte, und obwohl der Grad der Hüftgelenksdysplasie eigentlich keine Schmerzen bereiten dürfte, tat es Luise ja offensichtlich weh. Also entschlossen wir uns zu einem Nervenschnitt an der Hüfte. Nach der Rekonvaleszenz stellte sich heraus, dass ihr das Laufen immer noch weh tat. Der Grund hierfür wäre, dass sie so lange in Schonhaltung gelaufen wäre, wurde mir von verschiedenen Ärzten und der Physiotherapeutin erklärt, zu der ich zweimal in der Woche fuhr, um Luises Muskeln nach der OP auf dem Wasserlaufband zu stärken. Zwischendurch verletzte sie sich eine Kralle, die gezogen werden musste, was zu weiteren Schmerzen und Verbänden führte.

Luise stellte sich keineswegs an. Sie war würdevoll, verspielt und albern wie immer, bloß etwas reduzierter. Sie lief immer noch seltsam, und angesichts unserer großen Spaziergänge mit viel Toben und Baden, kam mir die immer wiederkehrende Erklärung, Luise habe schlicht Muskelschmerzen aufgrund ihrer Schonhaltung, langsam komisch vor. Eines Morgens stieß ich versehentlich mit meinem Fuß an ihren Hinterfuß – und ihr Zusammenzucken und der damit verbundene Schmerz standen in keinem Verhältnis zu der Stärke meines Stoßes. Ich packte sie sofort ein, fuhr zum Tierarzt und verlangte ein Röntgenbild.

Was wir dann sahen, war nicht schön: Luises Zeh – der, dessen Kralle vor einer ganzen Weile verletzt gewesen war –, hatte sich zur Hälfte aufgelöst.

Der Zeh wurde amputiert und eingeschickt, wobei sich herausstellte, dass es ein so genanntes „Plattenepithelkarzinom" war, ein aggressiver Tumor, der, wie ich mittlerweile weiß, vor allem dunkle Hunde befällt. Wir hofften, dass wir ihn rechtzeitig entfernt hatten, bevor er Zeit gehabt hatte, weit zu streuen. Sie erholte sich auch, war wieder wild und fröhlich.

Hunde leben ungefähr sieben Jahre innerhalb eines menschlichen Jahres. Sie leben jedes einzelne Jahr mit uns auch intensiver, scheint mir. Ihre Erlebnisse sind so viel unglaublicher, so viel mehr Hurra und Boah. Vielleicht liebt man sie deshalb auch siebenfach intensiver, als man Menschen liebt. Ich hatte Luise immer scherzhaft als „mein besseres Selbst" bezeichnet, aber eigentlich war das gar kein Witz: Ihre Ruhe, ihre Souveränität waren immer beispielhaft für mich. Luise besaß ein ungeheures Charisma – ich habe nicht viele Menschen erlebt, die so leicht einen Raum füllten, wenn sie ihn betraten, wie Luise. Irgendwie war ich immer davon ausgegangen, dass sie leben würde, bis sie mindestens sechzehn, siebzehn war – Pudel schaffen das. Umso mehr bedrückte mich der Gedanke, sie nun möglicherweise zu verlieren. Und noch viel mehr bedrückte mich der Gedanke, dass ich ihr in den vergangenen Monaten viel zu viel zugemutet hatte, sie auf lange, lange Spaziergänge mitgenommen hatte, weil ich nicht wusste, dass ihr der Fuß so viehisch weh getan haben musste. Ich verbrachte in diesem Sommer noch viel mehr Zeit mit meinen Hunden, ging nicht mehr zu Abendessen, nicht mehr ins Kino und fand Entschuldigungen, warum ich beruflich nicht nach Haiti oder Paris reisen konnte. Wir fuhren stattdessen nach Polen, wo man auf dem Gut einen kleinen Frischling gefunden hatte und ihn nun mit Bio-Babymilch großzog, weshalb er ungefähr doppelt so groß war wie normale Frischlinge in diesem Alter. Luise war begeistert und legte sich mit ihm zusammen in seine süßlich-müffelnde Suhle, Gretel spielte mit dem kleinen, frechen gestreiften Ding stundenlang Fangen, das sich immer zwischen die Beine seiner „Nanny" rettete, einem der Gutsarbeiter, während Luise daneben lag und zusah mit der Würde einer Dame im besten Alter. Es war brütend heiß, weshalb keiner der Hunde an langen Spaziergängen interessiert war; stattdessen besuchten wir die vielen Fohlen, die es in diesem Jahr gab, schwammen im See und fuhren an die Kurische Nehrung, wo wir stundenlang im Sand saßen und auf das Meer starrten – wenn wir nicht gerade darin schwammen.

Dann fiel Luise die Treppe hinunter – eine breite, ausgetretene, kein bisschen rutschige Holztreppe, und wir packten unsere Sachen und fuhren nach Hause. Ich brachte sie zur Tierärztin in der Hoffnung, dass man Luise vielleicht eine Kortison-Spritze geben könnte, um das Ganze etwas zu erleichtern. Die Tierärztin hob einen Fuß an, und Luise kippte um. Sie hatte überhaupt keine Muskulatur mehr, um sich auf drei Beinen halten zu können.

Für Tierbesitzer ist die Möglichkeit der Euthanasie gleichzeitig Geschenk und Fluch. Die Verantwortung dafür zu haben, wann der Tod eines Freundes eintreten soll, ist eine riesige Verantwortung.

Leute, die sich damit schon lange im Voraus auseinandergesetzt und genaue Parameter festgelegt haben, ab welchem Punkt die Schwelle überschritten ist, gehen damit gewöhnlich deutlich besser um als jene, die diese Gedanken verdrängen, bis das Tier sich in einer schweren Krise befindet. Ich versuche immer, emotional neutral und gefasst zu bleiben, soweit das möglich ist, um dem jeweiligen Tier seinen Abgang nicht noch schwerer zu machen. Gleichzeitig habe ich es bei fast allen meiner Tiere geschafft, sie bei mir zu Hause einzuschläfern, einem Ort, wo sie sich sicher und umsorgt fühlen, einem Ort, wo die unendlich vielen fröhlichen Erinnerungen nicht von diesem einen traurigen Augenblick überschattet werden könnten.

Aber Luise ging es so eindeutig so schlecht – es war, als hätte sie hier in der Tierarztpraxis nun endlich alle Selbstbeherrschung aufgegeben, die sie in den letzten Wochen und vielleicht Monaten an den Tag gelegt hatte. Sie wollte nur noch liegen, sonst nichts. Und so legten wir sie gleich dort auf dem Boden der Tierarztpraxis schlafen. Mein wilder, ungewöhnlicher, unbestechlicher, charismatischer Hund starb in meinen Armen, auf meinem Schoß. Zehn Jahre lang hatten wir zusammen alle möglichen Abenteuer bestanden, sie machte zahllose Umzüge, Reisen, Interviews und neue junge Hunde mit Gelassenheit und Interesse mit. Sie hatte eine ungeheure Ausstrahlung – niemand ging einfach an ihr vorbei. Sie hatte zu Füßen von Keith Richards gelegen und ihm beim Gitarre spielen zugehört, Till Brönner kraulte ihr während eines Interviews eine geschlagene Stunde den Bauch, Bela B. fand eine besonders gute Kraulstelle hinter ihrem Ohr, mit Lauren Hutton lag sie in Kitzbühel vor dem Kamin. Selbst Leute, die erklärten, „normalerweise“ könnten sie Pudel nicht leiden, waren von Luise hingerissen. Für mich war sie als Person ein totaler Glücksfall. Sie war ein distanzierter Hund, sie war, wer sie war, ohne sich je anzubiedern, eine sehr starke eigene Persönlichkeit, streng, aber sanft, man konnte sie immer genau erfassen.

Luise war so souverän, stur und unglaublich kopfstark, was sie in manchen Dingen schwierig machte: Ihr Jagdtrieb war ungeheuerlich, ihre Nase so gut wie ihre Augen, und gepaart mit der Unbeirrbarkeit des Stöberhundes, der sich von seiner Mission nicht abbringen lässt, machten diese Eigenschaften viele Spaziergänge etwas aufregend. Die gleichen Eigenschaften machten sie natürlich auch zu einem so hervorragenden Therapiehund, denn wenn ihr jemand versehentlich weh tat oder sie zu fest hielt, kam sie gar nicht auf die Idee, das persönlich zu nehmen. Eine Trainerfreundin von mir hat mal gesagt: Wenn alle Pudel so wären wie Luise, würde sie Pudel niemals weiter empfehlen. Aber das machte sie gleichzeitig zu einem hochinteressanten Hund. Ich war ihr ja gewachsen, und wenn ich es in manchen Dingen nicht von Anfang an war, wuchs ich an ihr. Jedes winzige Kleinkind konnte sie an der Leine führen, niemals hätte sie ein Kind umgeworfen – im Gegenteil: Wenn ein Kind Angst hatte, legte sie sich sofort unaufgefordert hin, um sich kleiner zu machen. Dafür konnte sie Jack Russells nicht leiden und ließ sich auch nicht von ihrer Meinung abbringen, die kleinen Terrier seien launische Querulanten, denen gesellschaftliche Umgangsformen erst beigebracht werden mussten – und zwar von Luise selbst.

Sie stahl wie ein Rabe. Immer. Von Anfang an. Nicht, wenn man dabei war – dafür war sie zu wohlerzogen. Aber sie hat sich immer genau gemerkt, wo die Dinge lagen, die ihr schmeckten, und in der Sekunde, in der wir die Wohnung verließen, schlug sie zu.

Luise hatte einen großartigen Sinn für Humor. Sie war souverän in allen Lebenslagen, fröhlich, verspielt und hatte trotz ihrer zehn Jahre und ihrer Krankheit kein graues Haar. Sie hing sehr an mir – obwohl sie so selbstbewusst und in sich ruhend war, war sie der Hund, der mich in meinen Abwesenheiten am meisten vermisste. Wenn ich sie bei meinen Eltern ließ und nach München in die Stadt fuhr, sahen mir vier Paar traurige Waisenkinderaugen hinterher. Aber nach etwa zehn Minuten beschloss das gutgelaunte Kleingemüse gewöhnlich, das Leben müsse schließlich weiter gehen, und amüsierte sich anderweitig. Luise hingegen blieb geduldig am Gartentor oder in der Nähe der Haustür liegen, bis ich wieder da war.

Es war unglaublicher Glücksfall für mich und mein Leben, diesen Hund gekannt und mit ihm ein so dichtes Leben geführt zu haben. Eine Freundin von mir meinte, Luise wäre genau wie ich gewesen, sie habe mich genau gespiegelt – sie hätte sogar den Kopf so gehalten wie ich, wenn ich zuhöre. In einigen Punkten muss ich dieser Ähnlichkeit widersprechen: Mein Jagdtrieb ist deutlich weniger ausgeprägt, und Luises Frisur saß immer deutlich besser als meine (sie ging allerdings auch deutlich öfter zum Friseur als ich).

Ich hoffe, sie hatte ein schönes Leben bei mir. Sie wurde jedenfalls sehr geliebt und immer genau so angenommen, wie sie war. Ich glaube, sie hat sich nicht gelangweilt. Ich hoffe so sehr, dass sie es schön hat dort, wo sie jetzt ist.

31

Wenn meine Hunde sterben, lasse ich sie einäschern mit dem Vorsatz, ihre Asche an einem Lieblingsort zu verstreuen (mit Hundeasche darf man das in Deutschland, mit Menschenasche komischerweise nicht. Bei Haustieren steht natürlich auch keine Millionen-Begräbnis-Industrie dahinter – ob das der Grund für das Verbot sein könnte, seine Großmutter in alle Winde verstreuen zu dürfen?). Nicht immer habe ich allerdings den geeigneten Ort dafür gefunden, und so stehen noch immer zwei Pappschachteln auf meinem Küchenschrank: In der einen befindet sich die Asche von Theo, meinem Mops, den ich 2008 einschläfern musste, in der anderen Ida. Mit beiden Hunden war ich so viel umgezogen, dass ich mich nicht entscheiden konnte, wo ich sie verstreuen sollte: Auf dem Kreuzberg? So schön war es dort auch wieder nicht, und so lange hatten beide Hunde dort nicht gelebt. So bleiben sie weiter in ihren Schachteln in der leisen Hoffnung, dass eines Tages irgendein Hund denkt, sie wären ein Nahrungszusatz, und sie einfach auffrisst.

Bei Luise gab es gar kein Zögern: Sie verstreute ich auf einem riesigen Feld bei Holzkirchen, wo sie bei allen Besuchen bei meinen Eltern stets dafür gesorgt hatte, die Wühlmaus-Population massiv einzugrenzen. Ich zeigte allen Hunden die Asche, die daran hochinteressiert waren, dann marschierten wir gemeinsam auf das Feld, und während Harry, Fritz und Gretel das Leben und die Spaziergänge mit Luise feierten, indem sie den Wühlmausgängen folgten und sich in scheußlichen Dingen wälzten, streute ich meinen wundervollen schwarzen Hund in den Wind.

32

Gretel, Fritz und Harry hatten sich nicht von Luise verabschieden können – was nach meiner Erfahrung tatsächlich notwendig ist für die zurückbleibenden Hunde –, sodass sie in den folgenden Monaten etwas orientierungslos hinter mir her taperten. Sie folgten mir plötzlich auf Schritt und Tritt mit der gleichen Einstellung von jemandem, der entweder ausgesetzt worden war oder sich fürchterlich verlaufen hatte und sichergehen wollte, diesen Fehler nicht noch einmal zu machen. Gleichzeitig schienen sie permanent etwas von mir zu erwarten. Wenn ich nach einem Tempotaschentuch griff, sprangen sie begeistert auf in der vollen Überzeugung, dass dies nur der erste Schritt in einer Folge hochspannender Geschehnisse sei. Sie lebten in dem beständigen Glauben, dass jede einzelne meiner Handlungen früher oder später zu einem Spaziergang, einem Spiel mit Fritz' heiliger Himbeere (einem kleinen Ball in Form einer Himbeere und das einzige Spielzeug, mit dem er sich beschäftigt – dafür aber stundenlang) oder einer Runde Frisbee führen würde. Tatsächlich gab ich mir Mühe, ihre Erwartungen zu 80 Prozent der Zeit nicht zu enttäuschen. Ich konnte einfach die Vorstellung nicht ertragen, wie sie mich ansehen würden, wenn sie die grausame Wahrheit erfahren würden, dass das Öffnen der Schublade mit meinen Strümpfen oder das Putzen meiner Zähne *nicht* grundsätzlich das Signal für irgendeine Hunde-Unternehmung war.

Meine Hunde wirkten verloren, weil ihre starke, ruhige Anführerin nicht mehr da war. Ich begann, mich nach einem „neuen" vierten Hund umzusehen. Ich marschierte in Tierheime, surfte auf endlosen

Internetseiten verschiedener Tierschutzorganisationen und bei „Pudel in Not“. Ich hätte sehr gerne einen alten Hund aus dem Tierheim adoptiert, denn die Alten finden nie wieder ein Zuhause. Dabei tun gerade sie sich so schwer im Tierheim: Es ist zu laut, zu unruhig für sie, niemand hat Zeit, sich um ihre Wehwehchen zu kümmern, ihre Arthrosen, und orthopädische Matratzen bekommen sie auch nur in den seltensten Fällen zur Verfügung gestellt. Ich finde alte Hunde wundervoll, sie haben eine Ruhe und Gelassenheit, die manchmal wie Abgeklärtheit wirkt – dabei sind sie nur erfahren. Mein Problem war nur: Ich hatte zu viele junge, ungestüme Hunde, die noch immer lange Spaziergänge, Spiel, Spaß und Abenteuer einforderten, was einen alten Hund überfordert hätte. In mein Leben passte kein neuer alter Hund. Dabei habe ich Leuten, die nach einem Hund suchten, hunderte von Malen geraten, einen älteren Hund zu nehmen, denn das schließt viele Unvorhersehbarkeiten von vorneherein aus, wie zum Beispiel angekaute Schuhe oder Tischbeine. Aber ich kann nicht mehr zählen, wie oft mir gesagt wurde, sie würden Hunde wirklich lieben, und wie zur Bekräftigung dieser Tatsache beschreiben, wie lange und schrecklich sie um einen geliebten Hund getrauert hatten, als dieser starb. Sie könnten keinen älteren Hund adoptieren, denn diesen Schmerz könnten sie nicht noch einmal ertragen.

Aha.

Es gibt viele gute Gründe dafür, einen jungen Hund aufzunehmen, oder einen Welpen. Man verliebt sich einfach, oder man lebt mit vielen Kindern, oder man geht regelmäßig joggen, oder man lebt an einem Strand, oder man ist sehr viel unterwegs, was ein jüngerer Hund besser verkraften kann. Das ist alles vollkommen in Ordnung und richtig und es sind die gleichen Gründe, warum ich immer wieder mit relativ jungen Hunden ende.

Aber wenn man Hunde wirklich liebt und wirklich ein Tier schützen möchte, dann soll mir keiner erzählen, er könne den Schmerz nicht ertragen. Denn bei diesem Schmerz geht es nur um einen selbst, nicht um den Hund. Lebewesen sterben nun einmal, und wenn man sich vor diesem Lauf der Dinge schützen möchte, dann sollte man tunlichst seine Großmutter nicht mehr besuchen. Selbst junge Hunde haben im Vergleich zu Menschen eine kurze Lebenserwartung, also sollte man, wenn man diesen Schmerz nicht ertragen kann, vielleicht keinen Hund zu sich nehmen, sondern einen Blumentopf.

Ich habe keinen meiner Hunde aufgrund seines jugendlichen Alters zu mir genommen, sondern weil ich mich spontan verliebte, weil es kein älteres Modell gab, weil sie mir geschenkt wurden. Die Hunde, die ich aus dem Tierschutz aufnahm, übernahm ich, weil niemand wusste, wo sie sonst hin sollten. Sie hatten kein Zuhause, und ich konnte dafür sorgen, dass sie in der Zeit, die sie bei mir waren, fröhlich waren und sich geliebt und sicher fühlten. Nicht, weil ich davon ausging, dass sie noch eine ganze Weile leben würden.

Ende des Vortrags.

So oder so wurde mir eines Tages klar, dass das so dennoch nicht klappen konnte. Was ich in den Gesichtern aller dieser Hunde suchte, was das Gesicht *meines* Hundes. Ich suchte nach diesem vertrauten Blick, der mich schon kannte, der schon wusste, wie man mit mir lebte und der nach Hause käme und die Dinge wieder so zurechtrückte, wie sie vorher gewesen waren.

Das war der Tag, an dem ich die Suche erst einmal aufgab. 98 Prozent der Hunde da draußen waren wahrscheinlich genau richtig für mich. Das Problem war nur, dass ich in Wirklichkeit noch gar nicht bereit war für einen neuen Hund.

33

Die Wahrheit ist: Der richtige Hund findet einen sozusagen von selbst. Und so fand mich ein paar Monate später Pixel, ein kleiner Silken-Windsprite-Rüde aus Sacramento, Amerika. Ich holte ihn in Boston am Flughafen ab, wo er erst einmal aus seiner Flugbox sprang und alle Leute begeistert begrüßte, die seinen Weg kreuzten. An dieser Einstellung hat sich bis heute, knapp drei Jahre später nichts geändert: Pixel ist immer noch begeistert von Neuankömmlingen, er hält jeden, den er trifft, für seinen neuen besten Freund, ist ein hervorragender Gastgeber, der alle Menschen und Hunde willkommen heißt, ihnen Spielsachen anbietet (Gläser kann er nicht tragen) und dafür sorgt, dass sie sich geliebt und aufgehoben fühlen. Er war zwölf Wochen alt, als wir uns kennenlernten, und bereits ein sehr selbstständiger junger Mann. Ich richtete auf einer Hundeausstellung in New England, was Pixel für einen Riesenspaß hielt: Er tobte den ganzen Tag mit anderen Welpen herum, frass zwar so gut wie gar nichts, aber schien sich großartig zu amüsieren. Am Morgen, bevor wir zurückflogen, machten wir einen langen Spaziergang durch den Herbstwald; dann stopfte ich ihn in seine Flugtasche und stieg ins Taxi zum Flughafen.

Auf dem gesamten Flug von insgesamt 13 Stunden (inklusive Umsteigen) musste Pixel kein einziges Mal aufs Klo. Er schlief selig in seiner Tasche, und als ich ihn einmal mit einer Wickelunterlage in die Toilette trug, weil ich dachte, ein so kleiner Hund habe normalerweise eine ebenso kleine und meistens gefüllte Blase, betrachtete er mich nur verwirrt und war froh, als er weiterschlafen durfte.

Erst als er eine Berliner Wiese unter seinen kleinen Pfoten spürte, löste er sich das erste Mal.

Pixel verursachte auch in Zukunft weniger Arbeit oder Sorgen als irgendeiner meiner Hunde vor ihm. Er machte einfach *nichts* falsch. Er war vom ersten Tag an stubenrein, er ging mit Spielsachen manierlich um, er schlief artig in seiner Box und war die reinste Freude.

Bis auf den Morgen, an dem ich ihn nicht mehr fand. Pixel war verschwunden. Ich suchte und suchte nach ihm, überall, unter allen Betten, Tischen, im Garten, im Park, ich fragte jeden, der mir entgegen kam nach ihm: Niemand hatte ihn gesehen. Ich fragte Gretel, Harry und Fritz, die mich nur ratlos ansahen. Und als ich mich gerade verzweifelt an unseren großen Esstisch setzen wollte, entdeckte ich ihn: Er hatte tief und fest auf dem Tisch geschlafen, eingekuschelt in einen meiner Schals, der dort lag. Er sah mich verschlafen an und konnte überhaupt nicht verstehen, weshalb ich so außer mir war vor Freude: „Ja, auch schön, dich zu sehen, aber das Theater ist doch ganz unnötig", schien er zu sagen.

Bei manchen Leuten ist das Leben ein langer ruhiger Fluß. Meines ist eher ein strudelnder Wildbach, auch wenn ich nicht weiß, warum das so sein muss.

34

Pixel passte hervorragend in die bestehende Gruppe und wurde aufgrund seiner offenbar angeborenen Höflichkeit von allen anderen Hunden ohne Klagen akzeptiert. Harry und Fritz wuschen ihm die Ohren und die Augen und zeigten ihm, was das Leben bei uns sonst noch so bereit hielt. Wie gut er zu meinen Hunden passte, zeigte er bereits am dritten Tag nach seiner Ankunft, als er sich mit Verve in einem Marderhaufen wälzte.

Ich weiß nicht, womit ich verdient habe, dass *alle* meine Hunde ein unwiderstehliches Verlangen haben, sich in gräßlichen Dingen zu wälzen. Keine tote Maus entgeht ihnen, kein Vogelschiß, kein Gänsekacki. Wenn irgendwo im Umkreis von 27 Kilometern ein Wanderer sich erleichtern musste: Meine Hunde finden es und lassen mich gar nicht so indirekt daran teilhaben. Ich bin der beste Hundeshampoo-Produkttester, den es gibt: Ich weiß genau, welches Shampoo gegen welche Gerüche ankommt und gegen welche nicht. An den beiden sehr malerischen Seen, an denen wir jeden Morgen vorbeispazierten, saßen nebst Wildgänsen, Fischreihern, Kranichen, Stockenten und Blesshühnern den ganzen Sommer lang Angler. Manche davon waren sehr professionell mit großen Koffern voller glitzernder, blinkender Köder, die eigentlich eher an Nachtclub-Dekorationen erinnerten, aber offenbar sind auch Fische irgendwie Disco. Andere kamen, weil es netter war, sich mit Blick aufs Wasser ordentlich zu betrinken. Letztere Angler grillten ihren Fang gewöhnlich an Ort und Stelle, was bedeutete, dass sie ihre Fische auch ausnehmen mussten.

An sich kein Problem, solange man keine Hunde hat, die sich mit Begeisterung in den viele Tage alten, grün-schäumenden, vergorenen Fischinnereien wälzen. Ich schwöre: Das ist ein Geruch, der seinesgleichen sucht. *Nichts* hilft dagegen, kein Shampoo kann diesen Geruch entfernen. Man lebt damit tagelang, kann die Hunde nicht mehr anfassen und wird von einem permanenten Brechreiz erfüllt. Bis der Geruch dann irgendwann nachgelassen hat, ist das auslösende Ereignis längst in den Hintergrund gedrängt worden – und man geht voller Leichtsinn wieder an die Teiche, denn der Blick ist dort so schön. Und bekommt fast einen Herzinfarkt, wenn sich die Sache mit den Innereien wiederholt.

Eines Morgens passte ich also einen günstigen Moment ab – früh genug, sodass der Alkoholpegel noch so niedrig war, dass die Angler einer simplen Bitte folgen konnten. Ich erklärte ihnen mein Problem und bat sie, in Zukunft die Reste ihres Abendessens ins Wasser zu werfen oder in die Plastiktüte zu werfen, die an einem Baum aufgehängt war, womit die Angler ihren Müll entsorgen konnten (wenn sie schon nicht mehr stehen konnten). Einer der Hundebesitzer nahm die Tüte immer mit und entsorgte sie, wenn sie voll war.

Und damit konnten wir dieses Problem tatsächlich lösen. Manchmal muss man eben nur fragen.

35

Der Ton in unserem Wald wurde schärfer. Je mehr Leute in unser Gelände gezogen waren, desto mehr hatte sich herumgesprochen, wie schön man dort spazieren gehen konnte. Vorbei die Zeiten, als wir kaum jemals jemanden trafen. Aus allen Seitenwegen schossen die Radfahrer, überall rannten Jogger herum, ganz abgesehen von den Schulklassen, die in unserem Wald die Natur kennenlernen sollten. Mit vielen dieser Gruppen machten die Hunde und ich spannende Sachen: wir füllten löchrige Socken mit Fleischwurst, ein Kind zog die Socke mit einer Schnur über den Waldboden und versteckte sie, anschließend ließen wir Pixel und Gretel die Spur suchen. Oder die Kinder versteckten sich und die Hunde mussten sie suchen.

Schwieriger waren häufig die Begegnungen mit ortsfremden Lehrern. Morgens ging ich entspannt mit Gretel, Pixel, Harry und Fritz – keiner von ihnen höher als 49 Zentimeter und allesamt sehr schmal – in der Sonne über die Feldwege, als wir in großer Entfernung eine kleine Gruppe mit Schulkindern und ihrer Lehrerin herankommen sahen. Schon von Weitem schrie die Lehrerin: „Leinen Sie Ihre Hunde an!" Im nächsten Atemzug forderte sie die Kinder auf, stehenzubleiben und sich nicht zu bewegen, bis die Hunde alle angeleint wären. Unter den Kindern war ein kleines Mädchen, das ich aus dem Kindergarten auf unserem Gelände kannte, Stella. Stella freute sich über meine Hunde, löste sich aus der Gruppe und rannte strahlend auf meine Hunde zu. Die Lehrerin bekam fast Schnappatmung. Sie schrie hysterisch das Kind an, was ihm einfiele, sie solle *sofort* zurückkommen, man *dürfe* sich fremden Hunden auf keinen Fall nähern.

Ich bat sie ganz freundlich, bitte nicht so entsetzlich zu schreien, weil meine Hunde sich zu Tode erschrecken würden, ganz abgesehen von Stella. „Das war wahnsinnig gefährlich, Stella!" brachte die Lehrerin entsetzt heraus. „Nein, war es nicht", sagte ich ganz ruhig. „Stella kennt meine Hunde. Und selbst, wenn sie sie nicht kennen würde, gehe ich hier mit vier ziemlich kleinen Hunden spazieren, die vollkommen ungefährlich sind, sonst hätte ich sie nämlich von vorneherein angeleint. Sehen Sie sich die Hunde bitte einmal an, und dann den Halter dazu. Sehe ich sozial unverträglich und verantwortungslos aus? Aber so, wie Sie reagiert haben, bekommen die Kinder ja ein Trauma fürs Leben."

Ich habe wirklich überall auf der Welt gelebt außer in Asien, aber noch nie in meinem Leben habe ich so viele Menschen erlebt, die Hunde wirklich für wilde, gefährliche Tiere hielten, wie im Berliner Osten – und das auch, als mich kein großer dunkler Hund begleitete, sondern vier völlig harmlos aussehende, friedliche Hündchen, die sich nicht einmal für Fremde interessierten. Eines Tages gingen wir durch den Wald, als ich von Weitem einen gellenden Schrei hörte: „Halten Sie Ihre Hunde fest! Wir haben hier ein Neugeborenes!", wobei sich die jungen Eltern beide schützend vor den Kinderwagen stellten, als sei ich mit vier Löwen unterwegs. Ein andermal ging ich durch die Felder, als ich 300 Meter vor mir ein Paar mit einem Dackel sah. Als sie mich erblickten, leinten sie ihren Dackel sogleich an und liefen etwas schneller weiter. Ich kümmerte mich nicht darum, ebenso wenig wie meine Hunde, und ging in meinem ganz entspannten Tempo in die gleiche Richtung, weil ich dort nun einmal wohnte. Im Wald nahm das Paar schließlich einen anderen Weg, aber nicht, ohne dass der Mann mich vorher anbrüllte: „Nehmen Sie endlich Ihre Hunde an die Leine!" „Warum denn?" fragte ich zurück, denn meine Hunde hatten nicht die geringsten Anstalten gemacht, seinen Dackel näher kennenzulernen. „Hier ist Naturschutzgebiet!" schrie er. Ich reagierte nicht darauf, denn er irrte sich: Hier war Forst, kein Naturschutzgebiet. Das war dort, wo sein Dackel vorher ohne Leine laufen durfte.

Ein andermal lief ich durch tosenden Sturm, es regnete so stark, dass das Wasser fast vertikal vom Himmel kam – als von rechts ein Fahrradfahrer aus einem Waldstück herausgeschossen kam. Harry, der mit dem Fahrrad ebenso wenig gerechnet hatte wie ich, schoss bellend hinter dem Radfahrer her, während die Schöße seines Regenmantels im Luftzug flatterten. Der Mann brüllte auf, sprang vom Fahrrad herunter, nahm es hoch und rannte brüllend hinter Harry her, als wolle er ihn mit dem Rad bewerfen. Harry rettete sich kleinlaut hinter mich. „Das gibt es ja wohl nicht!" schrie der Mann über den Wind und den Donner, „Leinen Sie gefälligst Ihren Köter an!" „Es tut mir wahnsinnig leid, dass er Sie angebellt hat", sagte ich und meinte das auch aus der Tiefe meines Herzens. „Er hat sich erschrocken. Ist ja auch kein Wunder bei dem Wetter." Der Mann war völlig außer sich. „Was soll das heißen? Ein erzogener Hund erschrickt sich nicht! Soll mir der Hund jetzt auch noch leidtun, oder was?" „Nein, keineswegs", sagte ich. „Ich wollte es Ihnen nur erklären. Und gegen Schreck ist auch Erziehung machtlos. Es tut mir wirklich leid, aber es ist ja nichts passiert." „Nichts passiert, nichts passiert! Woher weiß ich denn, was für Krankheiten Ihre Hunde haben?" brüllte er, immer noch furchtbar aufgeregt. Langsam wurde es mir zu bunt. Ein Sechs-Kilo-Hund hatte sich einen Moment während eines Unwetters vergessen und ein Fahrrad angebellt, und ich hatte nicht aufgepasst und ihn nicht rechtzeitig zurückgerufen. Es war nicht so, als hätte ich einen Rottweiler auf ihn gehetzt. „Es ist doch jetzt gut", sagte ich. „Es ist nichts passiert, jetzt hören Sie bitte auf, mich anzuschreien. Sie sehen, dass die Hunde und auch ich einigermaßen gepflegt aussehen, die haben natürlich keine Krankheiten." Der Mann tobte weiter, setzte sich aber – das Ganze wohlgemerkt immer noch bei tosendem

Sturm – auf sein Fahrrad und fuhr weiter. Ich hatte vor lauter Argumentation noch keine Zeit gehabt, Harry anzuleinen – der den Moment der Abfahrt des Mannes nutzte und erneut kläffend hinter ihm herrannte. Der Mann schäumte jetzt vor Wut. „Eine Zumutung, dass so jemand wie Sie Hunde halten darf!" schrie er.

Das alles wäre natürlich wahnsinnig komisch, wenn es nicht so häufig vorgekommen wäre, sodass meine Haut einfach dünn wurde. Eines Sonntags stand ich mitten auf dem Weg und unterhielt mich mit einem reizenden älteren Ehepaar, das meine Hunde tatsächlich seit Jahren bewunderte. Eine gutaussehende, durchtrainierte Joggerin trabte auf uns zu und rief irgendetwas Unverständliches. Wir drehten uns alle zu ihr hin und riefen „Wie bitte?". Sie kam auf uns zu, blieb vor uns stehen und sagte: „Leinen Sie Ihre Hunde an." „Wieso denn?" fragte ich. „Weil ich hier jogge. Ich möchte nicht, dass die Hunde hinter mir herrennen." Die Hunde waren mit ganz anderen Dingen beschäftigt, nun kamen sie aber näher und wollten die Dame beschnüffeln. „Sehen Sie – das meine ich. Ich möchte das nicht." „Aber wenn Sie uns ansprechen, müssen Sie damit rechnen, dass die Hunde auch Sie ansprechen. Wären Sie einfach vorbeigelaufen, hätte kein Hund sie auch nur eines Blickes gewürdigt." „Ich sag's ja nur", sagte die Frau schnippisch und spurtete weiter, „dann zeige ich Sie eben an."

Ich bin fest davon überzeugt, dass zu viele Regeln Menschen dumm machen: Sie halten sich nur noch an Verbote und Vorschriften. Buchstäblich völlig beschränkt hört der Bürger auf nachzudenken, ob die ganzen Regularien überhaupt irgendeinen Sinn machen. Um Sinn geht es auch gar nicht: Sondern ums Recht. Eine Freundin erzählte mir, wie sie mit ihrem Auto mit fremdem Kennzeichen in Berlin verkehrt herum auf einen völlig leeren Parkplatz gefahren war – also durch die Ausfahrt –, was aber völlig übersichtlich und daher gefahrlos gewesen war. Sofort liefen zwei Fußgänger hinter ihr her, um sie darauf aufmerksam zu machen, dass man das nicht dürfe. Wenn der eine Bürger einen anderen maßregelt (ohne dass dessen Regelverstoß ihn in irgendeiner Weise eingeschränkt hätte), traut er dem anderen also nicht ausreichend Verstand zu, mit seinem Fehler irgendwie akzeptabel umzugehen. In zänkischer Über-Tugend macht er deshalb dem anderen Vorschriften für eine korrekte Lebensführung, als wäre der Adressat entweder aus dem Kindergarten oder dem Pflegeheim entwischt. Wenn ich angegriffen wurde, ging es nämlich nie darum, ob meine Hunde momentan irgendwelche Fehler begingen, ob sie wirklich gefährlich waren, ob sie tatsächlich irgendwelches Wild oder Jogger jagten: Es ging darum, dass Leinenzwang herrschte, und der müsse befolgt werden, egal, ob ich einen Pekinesen, einen Gebirgsschweißhund oder einen Chihuahua besaß. Mit einem Verstoß gegen diese Vorschrift ließ sich rechtfertigen, dass man mich unvermittelt maßregelte, anschrie, beleidigte und sogar handgreiflich wurde. Es ging nicht darum, ob meine Hunde gut genug erzogen waren, um sich das „leisten" zu können. Es ging darum, dass ich mir ein Recht „herausnahm", das mir nicht zustand. Deshalb bekam ich wahrscheinlich auch immer wieder den absurden Satz „Sie glauben wohl, Sie seien was Besseres" zu hören – bis ich eines Tages dann antwortete: „Auf jeden Fall bin ich deutlich besser erzogen als Sie und schreie keine fremden Leute an. Vielleicht kümmern Sie sich erst einmal um Ihre eigene Kinderstube, bevor Sie andere Leute ermahnen."

Wenn Hunde sich nicht benehmen können, gehören sie an die Leine. Wer mit einem Hund, der immer wieder fremde Leute gefährdet (nicht einfach nur fröhlich anguckt), weiterhin ohne Leine spazieren geht, muss mit Auflagen belegt werden. Aber solange Hunde sich gut benehmen, halte ich ein allgemeines Leinengesetz für ebenso überflüssig, wie das Verbot von „unnützem Hin- und Herfahren innerhalb geschlossener Ortschaften" (was ein Bußgeld von zwanzig

Euro nach sich ziehen kann). Details stehen im bundeseinheitlichen Bußgeldkatalog. Man könnte natürlich sagen: So ist das eben. England hat schlechtes Wetter, Australien Giftschlangen und Deutschland seine Gesetze, was soll man machen. Und nicht alles ist unvernünftig. Wenn etwas der Sicherheit, der Gesundheit oder der Sittlichkeit dient, bin ich dabei! Aber, so bequem es ist, unmündig zu sein (man muss ja nicht mehr selber denken): Da mache ich nicht mit. Meine Erziehung ist abgeschlossen, seit ich zwölf Jahre alt war. Ich weiß, was sich gehört, ich weiß mittlerweile, was gut für mich ist und wie ungesund oder gefährlich das Leben sein kann. Ich brauche keine Gouvernante, die mit erhobenem Finger vor mir steht und mir Vorhaltungen macht.

Der Förster, Gustav machte allen Ernstes den Versuch einer Erklärung und meinte, ich sähe wohl zu selbstbewusst und gutgelaunt aus, das sei man „hier nicht gewohnt". Damit würde ich die Leute von vorneherein aggressiv machen. Alle Versuche der Weltverbesserung beruhen doch auf der Idee vom grundsätzlich guten Menschen – nur hier nicht. Hier verließ man sich lieber auf ein grundsätzliches Misstrauen bei zu offensichtlich guter Laune des Gegenübers: „Die ist fröhlich? Da kann ja was nicht stimmen!" Ein ziemlich schräges Bild des gegenwärtigen Zeitgeistes.

Oben: *Luise – eine Mischung aus Diva und Irrwitz*

Unten: *Die personifizierte Souveränität und Ruhe: Luise*

Oben: *Luise und Ida, die Geschwister Fürchterlich*

Rechts: *Ganz nah am großen Vorbild: Max und Fritz*

Unten: *Der winzige Max fand sich im „großen" Hundebett ganz schön groß.*

Oben: *Im Frühreif stehen ihr die Ohren zu Berge: Gretel*

Mitte: *Nie ohne eine Decke: Fritz*

Unten links: *Gretel mit zehn Wochen*

Unten rechts: *Gretel, Harry und Fritz*

Oben: *Manchmal sind lange Nasen einfach nicht nützlich.*

Unten: *Die kluge, gelassene, tiefenentspannte Gretel*

Oben: *Pixel bestand anfänglich vor allem aus einer großen Nase.*

Unten: *Pixel, ein Bild von einem Hund*

Links: *Leberwurst-Eis mit Kaustange als Stiel*

Oben und rechts: *Nano am Tag nach seiner Ankunft: Unterernährt und voller Parasiten*

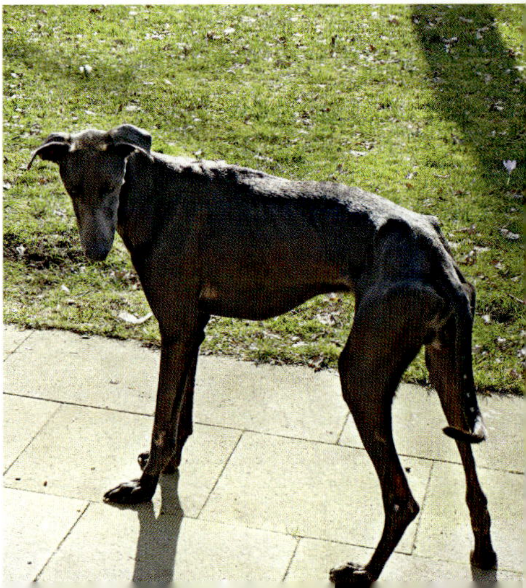

Oben: *Hunde und Kinderwagen sind auch kein Problem.*

Unten: *Windhunde sind Sichthunde: Gretel und Harry*

Oben: *Auf Reisen – Nano, Gretel und Pixel am Elbstrand*

Unten: *Das Lieblingsspiel: Verfolgungsjagd*

Unten: *Alle meine Hunde sind Spezialisten im Auffinden von stinkigen Dingen.*

Mitte: *Wenn alles schläft, nur einer wacht …*

Unten: *Schädlingsbekämpfung*

Oben: *Der Andalusier Nano liebt den Schnee.*

Unten: *Im Privatleben ist Nano mehr ein intellektueller Typ.*

Amali, der Apportiergalgo

Oben: *Kein Wasser-, mehr ein Kneipp-Hund*

Mitte: *Zwei Duracell-Hasen, endlich erschöpft*

Unten: *Trotz Schnelligkeit sind Windhunde sehr komfort-orientiert.*

***Oben und rechts:** Barthl ist das Gegenteil von verschlafen, aber nur dann hält er still*

***Rechts:** Der beste Welpenerzieher der Welt: Fritz*

36

Als wäre mein Leben nicht spannend genug, zog dann *noch* ein Hund bei uns ein.

Nano war ein großer, dunkelgrauer spanischer Windhund. Als wir uns kennenlernten, war er ein entsetzlich magerer junger Galgo mit Löchern im Fell, als hätten sich Motten über ihn hergemacht, dehydriert, unterernährt, schuppig und hungrig, er hatte Ohrrandekzeme, geschwollene Gelenke, eine Wunde am Vorderfußgelenk und zahllose kleine Wunden an den Beinen. Er bot einen ziemlich jämmerlichen Anblick: Ungepflegt, unsicher, ungeliebt – ein trauriges Zeugnis für die Gleichgültigkeit einiger Menschen für die Bedürfnisse der Tiere, die von ihnen abhängig sind. Aber er hatte einen guten Blick: wach und interessiert. Er sah so aus, als habe er Humor.

Nano war geradewegs von Andalusien nach Dresden gereist, wo ich ihn abholte. Er war freundlich, aber zurückhaltend, nicht wirklich vertrauensvoll, aber offen für die Möglichkeiten, die sich ihm boten. Er sprang ohne zu zögern in mein Auto, als wäre das schon immer sein Platz gewesen, und schlief sofort und fest ein.

In Spanien gelten Galgos als Nutzvieh. Sie werden zu Hunderttausenden für die Jagd gezüchtet und jedes Jahr nach der Jagdsaison zu Hunderttausenden ausrangiert. Sie werden auf weit entfernten Feldern ausgesetzt, und damit sie ihrem Herrn nicht hinterherlaufen, werden ihnen Beine oder Becken gebrochen. Sie werden erhängt, irgendwo im Busch angebunden, sodass sie verhungern und verdursten, falls sie sich die gefesselte Pfote nicht abnagen – und dann sterben sie doch. Die Tierschutzgesetze in Spanien wurden verschärft, was immerhin dazu geführt hat, dass die Jäger, die Galgueros, die ungewollten Hunde nun oft wenigstens nicht mehr aussetzen, sondern in die Perreiras bringen. Das minimiert nicht die Zahl der Hunde, die gezüchtet und abgegeben werden, aber immerhin die Zahl der Hunde, die elendig zugrunde gehen. Es ist kaum zu glauben, dass in einer Kultur, die so unglaublich stolze, edle Tiere wie die spanischen Pferde, die glänzenden schwarzen Stiere und die noblen Galgos erschaffen hat und sie auf Festen, in Liedern und Gedichten feiert, die gleichen Tiere so unglaublich malträtiert werden. Viele dieser Hunde streunen herum und werden täglich ängstlicher, während sie auf der Suche nach Futter sind, bis sie eines Tages irgendein Auto von ihrem Elend befreit – oder sie schwer verletzt und mit gebrochenen Gliedern an inneren Verletzungen entweder zugrunde gehen oder das Glück haben, gefunden und gerettet zu werden. In Tierheimen geht es ihnen nicht besser: Zu Hunderten werden sie dort in zu großen Gruppen aufbewahrt, wobei es aufgrund des Platzmangels oft zu entsetzlichen Beißereien kommt. Wenn kein Platz mehr ist, werden sie euthanasiert. Wenn die Hunde hübsch, niedlich oder aus anderen Gründen vermittelbar scheinen, werden sie von Tierschutzorganisationen eingesammelt und in neue Zuhause vermittelt.

Nano war jung, als er in der Perreira abgegeben wurde, knapp ein Jahr alt. Seine Farbe ist sehr ungewöhnlich, was eigentlich sein Glück hätte sein können, aber er ist eher höflich und ließ vielleicht beim Ausprobieren seiner Jagdtauglichkeit einem forscheren, mutigeren, älteren Hund den Vortritt.

Nano heulte vor Angst, wenn man ihn alleine, ohne anderen Hund aus dem Zwinger holte. Nachdem eine Tierschutzorganisation ihn aus der Perreira geholt hatte, wurde eine Pflegestelle für ihn gesucht: Idealerweise waren andere Hunde vorhanden, an denen er sich orientieren konnte. Und womöglich jemand, der ihm Sicherheit und Vertrauen geben würde, damit er sich in seinem neuen Leben zurechtfinden könnte und man von dort ein passendes Zuhause für ihn finden könnte.

Alles das konnten wir ihm bieten.

Als wir bei uns zu Hause ankamen, begrüßte er die anderen Hunde sehr artig und vorsichtig, machte an der Leine eine Runde mit mir durch den Garten, wo ich ihm die Zäune zeigte, dann sah er sich im Haus um – und entdeckte unser Arsenal an weichen, großen, gemütlichen Hundebetten. Ich werde wirklich nie in meinem Leben sein Gesicht vergessen, als er sich mit Karacho in das erste Bett warf: eine Mischung aus Unglauben, totaler Verzückung, Erschrecken und Seligkeit. In den kommenden Stunden wechselte er die Betten sozusagen stündlich – anscheinend wollte er ausprobieren, welches nun das allerweichste, das allergemütlichste war. Auf der üblichen letzten Runde blieb er respektvoll an meiner Seite, zwei Schritte hinter mir – ein sicheres Zeichen dafür, dass Nano bei einem Jäger gewesen war: Leinenführigkeit ist das Einzige, was diese Hunde können.

Nano war eine gesundheitliche Baustelle, wie sich herausstellte, aber schließlich wächst man an seinen Aufgaben. Er hatte Milben und Giardien, er war massiv unternährt – aber so dringend er etwas auf seine deutlich sichtbaren Rippen brauchte, so wenig konnten wir ihn einfach vollstopfen, denn sein Verdauungssystem hätte da nicht mitgemacht. Mal ganz abgesehen davon, dass die Giardien dafür sorgten, dass alle mühsam zusammengestellten, ausgewogenen Nährstoffe, die er so dringend gebraucht hätte, entweder die Giardien ernährten oder in Form fürchterlichsten Durchfalls auf unserem Wohnzimmerteppich landeten.

Vom Durchfall einmal abgesehen, war er natürlich auch nicht stubenrein: Ich war sehr beeindruckt, wie viel Flüssigkeit aus einem so mageren Hund herauskam, und was für Ausmaße die Seen hatten, die dieser Hund auf unseren Teppichen hinterließ. Aber Stubenreinheitserziehung kann ich, also ging ich mit ihm alle zwei Stunden nach draußen, wie mit einem Welpen. Gegen die Milben wurde er jeden Tag gewaschen – Fritz, Harry und Pixel kamen immer mit ins Bad, um ihm beizustehen und ihn durch die Glastür der Dusche mitfühlend anzusehen –, aber er schien das warme Wasser schön zu finden.

Überhaupt gefiel es ihm bei uns ganz gut. Er fand die unglaubliche Menge an Hundespielzeug, die es bei uns gibt, großartig und verteilte sie zusammen mit Pixel gleichmäßig überall. Unser Wohnzimmer sah aus, als wäre das Warenlager eines Spielzeuggeschäftes explodiert. Es machte meine Putzfrau Jolanta wahnsinnig. „Ich glaube nicht, dass du in nächster Zeit noch mehr Spielsachen kaufen musst", sagte sie in ihrem polnischen Deutsch. Die Hunde und ich sahen still zu, wie sie alles in einen großen Korb warf: Die Quietschspielsachen, die Kongs, Teddybären, weiche Kraken aus Samt, meterlange grüne Schlangen, Baby-Schlummertücher mit Hasenköpfen, die meine Hunde irgendwo unterwegs gefunden und mit nach Hause genommen hatten. „Hier sieht es aus wie in einem Kindergarten", meinte Jolanta und versuchte vergeblich, den Deckel des Spielzeugkorbes zu schließen. Ich versprach ihr, in Zukunft keine Hundespielsachen als Geschenke mehr zu akzeptieren. Ich versuchte grundsätzlich, Jolantas Bitten Folge zu leisten, denn sie liebte meine Hunde – tatsächlich war der einzige Grund, weshalb sie den weiten Weg von Spandau bis zu mir nach draußen auf sich nahm, dass sie meine Hunde so liebte. Solche Putzfrauen sind schwerer zu finden als gute Männer, um es mal salopp mit Flannery O 'Brien zu sagen („A good man is hard to find").

Nano und Pixel spielten Stunde um Stunde das Krokodil-Spiel, bei dem man umschlungen auf einem Hundebett liegt und sich mit geöffnetem Maul mit den Zähnen duelliert, während man Geräusche macht, die an Walgesänge erinnern. Er betrat unser Schlafzimmer nicht, er legte sich nicht aufs Sofa, er ließ sich nur kurz am Rücken streicheln, weil er Streicheln einfach nicht kannte und dem bisher nichts abgewinnen konnte. Allerdings sah er immer genau zu, wenn die anderen Hunde sich den Bauch kraulen ließ. „Komische Sitten“, mochte er gedacht haben.

Nano orientierte sich sehr stark an mir – wer immer ihn mit mir zusammen sah, meinte nur: „Der passt“. Aber ich wollte keinen fünften Hund, ich hatte versprochen (mir, meiner Familie, meinen anderen Hunden), dass dieser Hund ein Pflegling bleiben würde, ein Durchreisender, bis wir das ideale Zuhause für ihn gefunden hatten. Und das würde noch dauern.

Es gibt immer diese Phase, in der man sich aneinander gewöhnen muss – egal, ob es ein Welpe ist, der einzieht, oder ein erwachsener Hund. Sogar „ready to wear“-Turnschuhe müssen erst eingetragen werden, und mit Hunden ist es nicht anders: Sie haben Macken und Angewohnheiten und Ticks, an denen man arbeiten muss. Es ist so, als wenn ein Mann/eine Frau bei einem einzieht: Man braucht eine Weile, bis man verstanden hat, dass der andere es nur schwer ertragen kann, wenn man die Schuhe herumstehen lässt, oder wie man dem anderen sagt, dass man verrückt wird, wenn im Waschbecken Haare liegen. Aber mit klarer, freundlicher Kommunikation schafft man diese Eingewöhnungsphase ohne Weiteres.

Anfangs schien Nano sich für eine Art Gassenkind aus einem Roman von Dickens zu halten, das sich zum Überleben unbedingt seine Straßentricks bewahren musste. Auch wenn er dreimal am Tag ausgeklügeltes, handgeklöppeltes Bio-Hundefutter bekam, traute er der Regelmäßigkeit dieser Mahlzeiten anfangs nicht und zeigte sich ausgesprochen findig, wenn es darum ging, Kalorien irgendeiner Art zu lokalisieren. Nach einem Abendessen hörte ich es in der Küche klirren, und im nächsten Moment galoppierte er fröhlich mit einem fetttriefenden, nach Braten riechenden Hühnerskelett im Maul an mir vorbei und in unser Schlafzimmer, wo es mir gelang, es ihm gerade noch aus dem Maul zu nehmen, bevor er sich damit auf unserer seidenen Tagesdecke niederlassen konnte.

Bei aller größtmöglichen Offenheit und der großen Freude, die er auf unseren Spaziergängen zeigte, hatte Nano dennoch einen Kulturschock. Er hatte keine Ahnung, was von ihm erwartet wurde, wir hatten keine Sprache, keine gemeinsamen Gesten. Meine Worte klangen anders als alles, was er bisher zu hören bekommen hatte, es gab immer wieder Geräusche, die er noch nie in seinem Leben gehört hatte, von Topfgeklapper über Kindergeschrei über Deutschlandfunk und Elvis (der ihn natürlich beruhigte). Unsere Kommunikation bestand aus Herumprobieren. Er war ein junger Hund, der sich bereits eine Meinung über Menschen gebildet hatte. Er war nicht traumatisiert, aber er hatte nicht gelernt, was wir unseren Hunden möglichst früh und von Welpenbeinen an beibringen: Uns zu folgen, bei Krisen oder Stress bei uns Schutz zu suchen und uns zu vertrauen. Ich hatte es dauernd mit einem verwirrten Hund zu tun, einem zögerlichen Hund, der mir Widerstand entgegenbrachte, während ich sanft begann, ihm Grenzen aufzuzeigen und ihn zu erziehen.

Bei vielen Hunden hilft es, ihnen anhand unwiderstehlicher Belohnungen zu zeigen, dass es sich wirklich lohnt, mit dem Menschen zusammenzuarbeiten. Das wirkte bei Nano nicht: Er ist kein besonders enthusiastischer Fresser, und draußen hatte er viel zu viel Stress, um irgendwelche Kekse/Fleischwurst/Brathuhn/Leberkäse/Leberwurst/Würstchen zu akzeptieren (es ist ja nicht so, als hätten wir nicht *alles* ausprobiert). Manchmal nahm er sie zwar aus Höflichkeit, den Blick starr an den Horizont gerichtet, und ließ sie dann achtlos auf den Boden fallen. Kein Wunder, dass Harry bald aussah wie ein dickes graues Seehundbaby.

Nano und Pixel wurden im Nullkommanix zu einem echten Team, wenn auch für alle anderen eher im Sinne der „Geschwister Fürchterlich", und hatten nur Kokolores im Kopf. Alle meine Schuhe hatten in kürzester Zeit lose Innensohlen, jegliches Altpapier wurde in winzige Stücke geschreddert, sie rannten mit Getöse und Gebrüll durch den Garten, donnerten durchs Wohnzimmer und benutzten das Bett im Schlafzimmer abwechselnd als Abstoß-Rampe oder Trampolin. Ich wischte zweimal täglich, den Staubsauger hatte ich ähnlich häufig eingeschaltet wie meinen Computer, und den gesamten Tag lang räumte ich Spielzeug in die entsprechenden Behältnisse (Gretel, zu deren Lieblingsübungen eigentlich „Aufräumen" zählte, hatte dazu keine Lust mehr und fühlte sich für die Unordnung, die ihre Mitbewohner verursacht hatten, nicht zuständig. War ja irgendwie auch zu verstehen.). So ähnlich fühlte man sich wohl, wenn man ein Kinderheim leitete.

Nano war fröhlich, wurde immer sicherer und tiefenentspannt. Fand er andere Hundearten, die nicht seinem Phänotyp entsprachen, anfangs wirklich erschreckend (was ja kein Wunder ist, denn Galgos lernen bei ihren Galgueros nichts anderes als andere Galgos kennen – und manchmal noch Schäferhunde, die als Kettenhunde gehalten werden und ihnen daher richtig Angst einjagen), lernte er bald, dasss man mit anderen Hunden ziemlich gut toben und rennen konnte.

Ich wiederum lernte bald, dass Galgos anders zu erziehen sind als andere Hunde: Bei ihrer Erziehung muss man sehr flexibel und phantasievoll sein. Wenn man Druck aufbaute, um Nano beispielsweise zu erklären, dass das „Zu mir" jetzt gerade genau dasselbe bedeutet wie gestern, vorgestern und vorvorgestern, beschwichtigte er stark und auf Windhundart, indem er vorgab, noch eine dringende Angelegenheit ganz woanders erledigen zu müssen, und spurtete davon. Wäre ich hinter ihm hergerannt, wie ich es bei anderen Hunden durchaus gemacht hätte, hätte ich ihn eher von mir weg getrieben. Funktionierte ein „Zu mir!“ nicht gleich, rannte ich also wie angestochen in die andere Richtung – und es funktionierte.

37

Damit meine Hunde nicht komplett zu Waldschraten wurden, nahm ich sie zwischendurch immer wieder mal mit in die große, laute Stadt. Bei uns gehört die Welt der Mode und der Dünnen, Schönen zum Sozialisierungsprogramm dazu: Dünn und schön waren meine Hunde sowieso (Hunde sind ja glücklicherweise ganz unbeeindruckt von Dingen wie Mode und Äußerlichkeiten – noch ein Grund, warum ich Hunde so gerne habe: Sie finden mich ungeschminkt und direkt aus dem Bett immer noch unwiderstehlich), also passten sie gut in die Redaktion von Harper's Bazaar, wo ich zwischendurch aushalf. Nano marschierte mit einer Lässigkeit mit mir über den Potsdamer Platz, als wäre er in tosendem Verkehr, zwischen Sightseeing-Bussen, Touristen, Gehupe, Helikoptern und Fahrstühlen aufgewachsen. In der Redaktion angekommen, lieferte er sich mit Pixel in den langen, mit Teppichboden ausgelegten Fluren ein kleines Wettrennen (die Kollegen beim Focus waren ein wenig erstaunt), riss im Büro der Chefredakteurin ein Stoffschaf, wälzte sich dann im Art-Department auf den Layouts und prüfte (zusammen mit Pixel, aber das versteht sich wohl von selbst) alle Papierkörbe auf Essensreste. Alle Hunde wurden gestreichelt, bis ihr Fell rauchte, und aus Dankbarkeit stahl Nano anschließend dem Modechef das Portemonnaie von einem sehr, sehr teuren italienischen Taschenhersteller, das er sorgfältig zerkaute. Die Kreditkarten ließ er umsichtigerweise in Ruhe, was insofern sehr günstig war, als der Modechef sich dadurch auf der Stelle einen neuen Geldbeutel bestellen konnte. Angeblich war er Nano sogar dankbar.

38

Wenn man Hunde halten will – mit Betonung auf dem Plural –, ist es gut, wenn man keine Angst hat vor Chaos. Die meisten Menschen haben Angst vor Chaos und glauben, Chaos tue weh, oder Chaos wäre wie ein Tornado, der alles in seinem erbarmungslosen Strudel mitreißt und es an einem unbekannten Ort wieder ausspuckt.

Aber so ist Chaos gar nicht. Ich bin wirklich ein Meister in chaotischer Lebensführung und weiß, wovon ich rede: Chaos hat etwas von einem Wind, das ist richtig, und manchmal wird der Wind etwas stärker. Aber wenn man sich dem Chaos hingibt, sich sozusagen ins Chaos fallen lässt, tut es gar nicht weh. Dann nimmt der Wind einen mit, als wäre man ein Ballon oder ein Samenkorn. Der Wind trägt einen, und man selbst kann die Richtung nicht bestimmen, und es macht auch überhaupt keinen Sinn, dagegen anzukämpfen. Dann wird man nur übermüdet und schlecht gelaunt: Der Wind gewinnt immer. Und er wird einen wieder fest auf den Boden setzen, nur an einer anderen Stelle, und dann ist die kleine Reise vorbei.

Ich persönlich fürchte mich eher vor der Windstille. Ich will nicht aufhören, mich treiben zu lassen. Mein Leben beschert mir so unendlich viele Ideen, interessante Momente, spannende Gespräche und immer wieder ganz neue Gedanken, auf die ich nie gekommen wäre, wenn ich immer noch in New Yorks West 4th Street wohnen würde, oder in Paddington in Sydney, oder immer noch in der Großbeerenstraße in Berlin, oder in der Biberstraße in Hamburg. Heute früh, als ich mit meinen Hunden durch die Wiesen spazierte und sie sich gegenseitig über die Felder jagten, nachdem ich mich lange mit einem jungen Bauern unterhalten hatte, der auch einer meiner Nachbarn ist (und etwa eine Dreiviertelstunde von mir entfernt wohnt), dachte ich: Ich habe wirklich ein wundervolles, reiches, immer wieder überraschendes Leben. Reich, obwohl ich wirklich nie Geld habe, aber ansonsten: ich habe die wundervollsten Hunde, die man überhaupt nur haben kann, immer unglaublich gut gelaunt und bei allem unfassbaren Käse, den sie sich dauernd ausdenken, sehr darauf bedacht, dass wir eine gut funktionierende Gruppe bleiben. Ich habe immer wieder unglaubliches Glück, höre und erlebe immer wieder die unbeschreiblichsten Geschichten und treffe ständig Menschen, die Dinge können, von denen ich keine Ahnung habe, und die sie mir gerne erklären – und das, obwohl natürlich jeder Mensch überzeugt davon ist, dass ich irgendwie nicht alle Tassen im Schrank haben kann mit so vielen Hunden. Ohne meine Hunde wäre ich nicht so chaoserprobt, würde ich mich in den merkwürdigsten Momenten nicht so über sie kaputtlachen, hätte ich vielleicht nicht gelernt, so gelassen zu sein. Meine Hunde haben zumindest mein Leben zu einem wirklich fabelhaften Leben gemacht.

39

Alle meine Hunde waren immer großartige Kinderhunde. Ich machte viel Jahre lang einmal in der Woche Besuchsdienst in einer Kita für so genannte „unterprivilegierte Kinder“ – Kinder aus mehreren Generationen Hartz IV-Familien, in deren Zuhause es ausreichend Plasmafernseher gab, aber kein einziges Kinderbuch, keine Buntstifte, keine Bauklötze. Viele dieser Kinder konnten mit fünf noch nicht gut sprechen, weil mit ihnen zu Hause niemand redete und sie immer nur vor irgendwelchen Trickfilmen saßen. Viele dieser Kinder hatten außerdem Angst vor Hunden, weil sie den Umgang mit Tieren insgesamt nicht gewohnt waren und die Hunde in den Gegenden, in denen sie wohnten, meistens eher aus Prestigegründen gehalten wurden, also ihrerseits den Umgang mit Kindern nicht kannten und nicht besonders nett waren.

Jeder meiner Hunde hatte einen anderen Job bei diesen Besuchen zu erfüllen: Harry wurde von allen Kindern geliebt, weil er so klein, so zart und ganz offensichtlich so unsicher war. Ein kleiner Junge, der sich von Erwachsenen nie anfassen ließ – nicht einmal die Mütze durfte man ihm anziehen –, saß beim Vorlesen immer mit Harry in einer Ecke und streichelte ihn, bis Harrys Fell rauchte. Fritz brachte seine heilige Himbeere mit (einen kleinen Ball in Form einer Himbeere, das einzige Spielzeug, mit dem Fritz sich abgab) und spielte stundenlang mit den mutigeren Kindern damit, die vor Begeisterung quietschten und sich kaputtlachten, wenn Fritz ihnen die Himbeere nicht gleich apportierte, sondern damit durch die anderen Kinder raste, damit man ihn verfolgte. Gretel machte alle möglichen Kunststücke, ging auf ein deutliches „Hatschi – holst du mir ein Taschentuch?“ los und suchte nach Tempotaschentüchern, sprang durch Hoola-Hoop-Reifen, gab Pfote, suchte Handschuhe, Mützen und alle anderen Dinge, die die Kinder ihr zuliebe am Wegrand „verloren“. Pixel war ein wunderbarer Kuschelhund, der stundenlang auf dem Boden lag und sich kraulen ließ, es erlaubte, wenn die Kinder ihm die Lefzen hochzogen und seine Zähne bewunderten, und sich wie ein Barbie-Pferd stundenlang kämmen ließ. Und Nano erfüllte die wichtige Aufgabe, trotz seiner Größe ein „armer Hund“ zu sein, der vernachlässigt und schlecht behandelt worden war, der nicht genug zu essen bekommen hatte, für den man also trotz seiner dunklen Farbe und seines ernsten Blickes, dem die Kinder immerhin Auge in Auge begegneten, Mitleid empfinden konnte. Weil viele der Kinder nicht besonders sauber waren (um nicht zu sagen: Manche müffelten wirklich wie eben Kinder müffeln, die lange nicht mehr gebadet worden sind), machte ich häufig „Hygieneprogramm“ mit ihnen zusammen: Wir kämmten die Hunde, massierten sie, ich putzte mit einer weichen Kinderzahnbürste und Zahnpasta mit Hühnchengeschmack die Zähne der Hunde – anschließend putzten wir alle mit den 25 weiteren Kinderzahnbürsten, die ich mitgebracht hatte, unsere Zähne, abwechselnd mit Hundezahnpasta mit Hühnchengeschmack, Blendi (die wirklich immer noch genauso künstlich-grauenvoll schmeckt wie früher) und einer gemäßigten Pfefferminzzahnpasta. Anschließend las ich immer vor, immer und seit Jahren dasselbe Buch: „Die Kinder aus der Krachmacherstrasse“ von Astrid Lindgren. Dann lagen alle Kinder in der „Kuschelecke“ (was aussieht wie eine veritable Lounge-Ecke in einem modernen Club), die Hunde dazwischen, und dösten allesamt langsam ein. Sie lagen ineinander verwoben mit den Hunden und schliefen gemütlich zu dem Hintergrundgeräusch meiner Stimme. In diesen Momenten war diese Kita wahrscheinlich der friedlichste Ort in ganz Berlin und Umgebung.

Wenn wir dann nach fünf Stunden Kita-Besuch nach Hause fuhren, waren die Hunde jedesmal völlig erledigt: Kinderhüten ist anstrengend (wie meine Freundin Gaby sagt, die Hundetrainerin ist: „Der schwierigste Job, den ein Hund haben kann, ist Familienhund zu sein." Wo sie recht hat, hat sie recht). Sie verzichteten an diesen Tagen auf weitere Spaziergänge, wurschtelten noch ein bisschen im Garten herum, und gingen dann bald schlafen.

40

Fritz war im Übrigen überhaupt vollkommen besessen von Kleinkindern. Wenn er die Kinder kannte, sprang er gerne auf ihren Kinderwagen und ließ sich dann auf ihnen durch die Gegend fahren, während er ab und zu in den Kinderwagen hineinsah und ihnen zärtlich die Nase ableckte. Wenn man nicht aufpasste, landete er allerdings auch gerne mal einen Deep-Throat-Zungenkuss zum Entsetzen der anwesenden Mütter.

Als meine Freundin Carolina Zwillinge bekam, legte er sich immer genau so vor die beiden Babys im großen Ehebett, dass sie unter keinen Umständen herausfallen konnten – es sei denn, sie würden über ihn springen, was in ihrem Alter von drei Wochen kaum möglich war. Wenn sie bei uns im Garten auf einer Decke lagen, legte er sich mit gerunzelter Stirn daneben und ließ keinen der anderen Hunde mehr auch nur in ihre Nähe. Nano dagegen verstand überhaupt nicht, wozu diese kleinen Dinger gut sein sollten, die merkwürdige Geräusche machten und nicht einmal Kekse in der Hand hatten, wie er das von älteren Kindern kannte. Er betrachtete die beiden nachdenklich und drückte dann mit der Nase auf den Bauch der einen: Offenbar wollte er feststellen, ob es wenigstens ein Quietschie im Inneren gab. Das kitzelige Kind lachte los, woraufhin Nano mit der Nase auf seinen Po drückte. Bevor Nano auf die Idee kam, das Kind mit einem Plüschtier zu verwechseln, nahm ich das Baby auf den Arm und ging mit ihm in den Garten. Nano tanzte begeistert um mich herum, was mich zuerst irritierte, bis ich verstand: Er dachte, ich würde ihm jetzt das Baby werfen.

Fritz liebte Babys so sehr, dass er ihnen immer wieder seine heilige Himbeere nahe legte. Ob als Geschenk oder als Aufforderung, ein lustiges Spiel zu starten und das Ding zu werfen, wurde nie ganz klar: Lagen die jeweiligen Kinder auf einer Decke, legte er die Himbeere genau neben ihr Händchen. Zeigte das Kind kein oder nur geringes Interesse, schob er die Himbeere mit seiner langen, spitzen Nase immer näher, sozusagen in ihre Handfläche, bis die Kinder das rosarote Ding endlich in ihren Mund stopften. Fritz betrachtete das zufrieden, mit einem Ausdruck, der sagte: „Siehst du, habe ich dir zu viel versprochen? Ist es nicht das Köstlichste, Herrlichste, Unbeschreiblichste, was man im Mund haben kann?" Er war fassungslos, wenn die Kinder sich tatsächlich nicht für die Himbeere interessierten – weil sie einfach noch viel zu klein dafür waren. Als die Zwillinge meiner Freundin im Alter von dreieinhalb Monaten in ihren Wippen saßen, versuchte er *alles*, um sie für seine Himbeere zu begeistern. Er legte sie in die Wippe, direkt neben den Zwilling, der noch gar nicht so weit gucken konnte, und starrte immer wieder vom Ball zum Kind, vom Kind zum Ball, bis er die Himbeere umplatzierte, auf die andere Seite, in der Hoffnung, das Kind könne jetzt mehr damit machen. Dem anderen Zwilling legte er in seiner Verzweiflung die Himbeere sogar auf den Kopf: Das Baby sah aus wie eine Kinderbuch-Version von Wilhelm Tell, aber es half alles nichts: Sie waren zu klein, um mit der Himbeere etwas anfangen zu können.

Glücklicherweise nahm Fritz ihnen ihr Unvermögen nicht weiter übel. Spätestens, als die Kleinen ein Jahr alt waren, hatte er ihnen beigebracht, wie man sich abwechslungsreich mit der Himbeere beschäftigen konnte.

41

Ich brauchte eine Weile, um zu bemerken, dass Nano eigentlich längst mein Hund war – was viele andere schon lange vor mir gewusst zu haben schienen. Aber wenn es darum geht, sich zu verlieben, lasse ich mir viel Zeit. Ich bin Weltmeister in Enttäuschungsprophylaxe und bleibe lange ambivalent, selbst dann, wenn derjenige, um den es geht, längst einen eigenen Wohnungsschlüssel zu meiner Wohnung hat und einen eigenen Schrank.

Nano hatte den Wohnungsschlüssel anscheinend schon nach kurzer Zeit und offensichtlich auch mehrere Schränke (zumindest hat er – wie alle meine Hunde – deutlich mehr Wintergarderobe als ich), ohne dass ich es gemerkt hätte. Immer wieder bewarben sich Interessenten für ihn, aber nie passte es so richtig. Eine Dame aus Wien, die ihn unbedingt haben wollte, wohnte mitten in der Stadt im vierten Stock ohne Aufzug, wie sie mir am Telefon erzählte. Wie sie das machen wolle, wenn der Hund sich irgendwann mal Schulter oder Pfote verletzen würde? „Ach, das macht nichts, bis 25 Kilo kann ich tragen, habe ich mir vorgenommen", sagte sie gutgelaunt. Ich erklärte ihr, dass sie das bestimmt nicht könne: Galgos haben eine ziemlich unpraktische Körperform, weil sie rechteckig sind, und ein Hund, dem etwas weh tut, hängt wie ein Kartoffelsack im Arm – ein winselnder Kartoffelsack, der sekündlich schwerer wird. Eine andere Dame wollte einen Hund, der mit ihrer achtjährigen, sehr vorsichtigen Galgo-Hündin „anständig" spielen würde, denn sie hatte vorher einen jungen Sloughi-Mischling, der so wüst mit ihrer Hündin zu spielen versucht habe, dass sie ihn wieder abgeben musste. „Wie kommen Sie darauf, dass Nano ‚anständig' spielt?" fragte ich erstaunt und ließ den Morgenspaziergang vor meinem inneren Auge Revue passieren, als die Hunde wie von Taranteln gestochen mit 55 km/h übers Feld gerannt waren und einander jagten. „Na, er spielt doch mit Ihren Windspielen, oder nicht?" meinte sie. Das täte er, aber die Windspiele hätten ihm auch sehr streng und unmissverständlich gezeigt, wie man angemessen mit ihnen umging. „Könnten Sie mir nicht vielleicht ein Video von Ihrer Hündin beim Spielen schicken?"

Das tat sie. Was ich da sah, war nicht das, was ich unter einem normal spielenden Hund verstand: Dies hier war Seniorenturnen, aber auf dem Stuhl. Nano würde mit dieser Hündin keinen Spaß haben, und umgekehrt. Ich riet ihr von Nano ab und meinte, sie wäre wahrscheinlich mit einer älteren, souveränen Galgo-Hündin besser beraten. „Nein, das geht nicht", widersprach sie. Wieso denn nicht? „Wissen Sie, ich bin Single. Und wenn hier noch eine Hündin dazu kommt – das ist mir zu viel weibliche Energie."

Hätte ich eine Liste mit „101 Gründe, warum man sich für einen bestimmten Hund interessiert", würde diese Begründung ganz sicher auf Platz 1 stehen.

Es gab noch weitere Bewerbungen, die auch immer schiefgingen, sobald man eine Vorkontrolle bei den Interessenten vorbeischickte. Vorkontrollen sind Leute, die sich vor Ort ansehen, ob der interessierte Haushalt wirklich geeignet ist für einen Windhund, ob der Gartenzaun dicht und hoch genug ist, ob ein eventuell bereits vorhandener Hund auch erfreut über und einem weiteren Hund gewachsen ist. Und gerade in diesem Moment tat Nano etwas Heldenhaftes.

Unser Maulwurf (ich hätte mir nie träumen lassen, dass ich diesen Maulwurf einmal zu meinem Hausstand zählen würde, aber er begleitete uns hartnäckig seit Jahren) litt neuerdings unter Größenwahn. Er baute unter meinem Rasen ein so ausschweifendes Gangsystem aus, dass es unter der Erde aussehen musste wie Erdogans Präsidentenpalast. Über der Erde konnte ich jeden einzelnen Gang verfolgen, und das allergemeinste war: Der Maulwurfpalast endete *exakt* an meinen jeweiligen Zäunen. Keiner meiner Nachbarn hatte auch nur den kleinsten Maulwurfhügel auf seinem Rasen zu verzeichnen. Mein Rasen war bald kein Rasen mehr. Eher eine Wiese. Nachdem meine Hunde fanden, sie müssten mich in meinem Kampf unterstützen, war es auch keine Wiese mehr, eher eine Kraterlandschaft mit ein paar traurigen Grasbüscheln dazwischen.

Der Maulwurf dagegen hatte offensichtlich die beste Zeit seines Lebens. Wir versuchten es mit solarbetriebenen Maulwurffallen, die Sorte, die regelmäßig Piepgeräusche aussendet, was die Maulwürfe vertreiben soll, aber die vertrieben nur meine Nachbarn, die nicht mehr auf ihrem Balkon sitzen wollten, weil sie vom Piepsen halb irre wurden. Knoblauch in seinen Gängen war dem Maulwurf völlig egal, an Klostein hatte er sich gewöhnt. Ich steckte einen Schlauch in einen Hügeleingang, aber auch das schien ihm nur recht – wahrscheinlich hatte er für sich und seine Kinder einen Unterwasserpool eingerichtet und längst kleine Schwimmflügel besorgt. Ich könnte schwören, dass ich ihn manchmal höhnisch lachen hörte.

Nichts half. Bis ich eines Tages während eines wichtigen Telefonats mit dem Hörer am Ohr auf meine Terrasse trat und sah, dass Nano unter Pixels und Fritz' lautem Beifall irgendetwas wild schüttelte: Es war der Maulwurf. Das Loch, aus dem er ihn offenbar gerade ausgebuddelt hatte, war so tief, dass ich befürchtete, es würden jeden Moment lauter Peruaner herausklettern. Aber der Maulwurf war erledigt.

Als ich das meiner Putzfrau Jolanta erzählte, sagte sie: „Siehst du. Er ist so eine gute Hund. Er will bleiben." Und nach einer kurzen Pause: „Wenn du Nano nicht behältst, dann ich gehe." Das war eine ernste Drohung: Sie wissen selbst, wie schwer es ist, eine gute, verlässliche, selbstständig arbeitende Reinigungskraft zu finden. Also durfte Nano bleiben. Ich liebte ihn sowieso schon mehr, als ich mir je bei jemandem hätte vorstellen können, dessen Kot ich regelmäßig aufsammelte und in kleine Tüten verpackte.

42

Kaum hatte ich mich entschieden, den großen grauen Hund zu behalten, beschloss er, umgehend in die so genannte „Jungshundphase" einzutreten: Ich hatte ja versprochen, dass er bleiben dürfte, also konnte er sich jetzt mal ein bisschen gehen lassen. Mittlerweile ist er mitten in der Junghundphase. Hatte er sich anfangs beim ersten Pfiff direkt herumgeworfen, um in meine Arme zurückzukehren, nahm er sich jetzt deutlich mehr Zeit mit dem Gehorchen: „Ja-ha, glei-heich" schien er zu sagen oder „Jaaaaaa, Moment, ich muss erst noch was Wichtiges machen!" Pixel und er spielten und spielten und spielten und spielten. Ab und zu wollte auch Gretel mal mitmachen und wedelte dann verführerisch mit irgendwelchen Spielsachen vor Nanos Nase herum, bis er endlich anbiss. Dann zogen und zerrten Nano und Gretel mit wildem Geknurre an dem Spielzeug, was wiederum Pixel nicht gefiel, denn Nano war *sein* Spielhund, was er mit empörten Gebell kundtat. Was wiederum Fritz aufbrachte, denn der hatte es gerne ruhig, also bellte er dann auch, damit die anderen ruhig waren.
Weshalb mein Lieblingshund in dieser Zeit Harry war: Er war immer so hübsch still und leise. Er forderte das sogar ein: Als Nano und Pixel einmal (verbotenerweise) auf dem Bett das Krokodil-Spiel spielten, beschloss Harry, dass jetzt genau der richtige Moment sei, um sich an Nanos Bauch in die Rundung zu kuscheln und dort Siesta zu machen. Störend war nur, dass Nano nicht still lag, weil er ja spielte. Woraufhin Harry ihn wütend anknurrte. Damit war Ruhe.

Im Wald wurde Nano flexibler, was den vereinbarten Radius zwischen ihm und mir betraf. Weil ich meine Hunde nur sehr ungern rufe (ich empfinde das im Wald als störend und laut), wechsele ich eher häufig die Richtung, sobald ich merke, dass ihre Aufmerksamkeit nachlässt. Das führte auch bei Nano dazu, mich möglichst immer im Auge zu behalten, weil ich für ihn einfach nicht berechenbar war. Ab und zu warf ich mich auch in trockene Gräben oder ins hohe Gras: Irgendein Radfahrer erschrak zu Tode, weil er fürchtete, ich hätte einen Ohnmachtsanfall erlitten, und war dann vollkommen verwirrt, als ich ihm flüsternd erklärte, ich wäre völlig in Ordnung, ich würde gerade meine Hunde erziehen.

Aber etwas anderes veränderte sich: Nano wurde immer lauter. Wenn er von Weitem Hunde sah, die er nicht kannte, schoss er auf sie zu und grölte sie an. Bei Golden Retrievern, die er von Anfang an besonders gruselig fand, konnte ich das noch einigermaßen nachvollziehen, bei Schäferhunden, vor denen er vor Angst fast in die Knie ging, irgendwie auch. Andererseits hatte ich ihm gezeigt, dass es andere Optionen gab – er musste ja nicht hinlaufen, wenn ihm ein Hund nicht passte, sondern konnte einen großen Bogen um sie machen. Platz genug war ja da. Nanos Problem wurde irgendwann offensichtlich: Er hielt sich ja für Pixels Sidekick. Pixel, der das Gefühl hatte, die ganze Welt sei nur zu seinem Vergnügen geschaffen worden, freute sich über jeden fremden Hund und jeden fremden Menschen, und wenn er in angemessenem Abstand feststellte, dass der andere Hund oder Mensch ihn nur sub-toll fand, dann ging er eben seiner Wege – ohne beleidigt zu sein. Nano dagegen, der der Meinung zu sein schien, durch ein inneres Band an Pixel gekettet zu sein, und wo Pixel hinging, müsse er auch sein, war mit diesen vielen Hunde- und Menschenkontakten überfordert. Galgos sind nicht dazu da, im Park fremde Hundekontakte zu pflegen, mit großem Hurra mit fremden Hunden zu spielen und ständig mit neuen Menschen Kontakt aufzunehmen: Seit Jahrhunderten verbringen sie ihre Tage in Zwingern und Verschlägen, in denen unter der Woche absolut nichts passiert.

Jagdsaison ist zwischen Oktober und Februar, und davor wird nur ab und zu ein bisschen trainiert. Sie sind absolute Low-Energy-Hunde: Ein paar Sprint-Runden, und ihr Pulver ist verschossen und sie wollen aufs Sofa.

Nano dagegen wollte immer überall hin mit, tobte den ganzen Tag wie ein Berserker mit Pixel und machte auch noch mit, wenn wir fremde Hunde trafen. Kein besonders außergewöhnlicher Tagesablauf für einen normalen Hund, aber doch zu viel für einen Galgo, wie bald immer deutlicher wurde.

Ich hatte ihm gezeigt, dass er keineswegs immer mit Pixel mitlaufen musste, um mit Fremden Small-Talk abzuhalten. Wenn am Horizont ein fremder Hund auftauchte, wendete ich Blick und Schultern ab, ging ein Stück vom Weg herunter und zählte Kieselsteine oder Grashlame, nahm also meine gesamte Aufmerksamkeit von Nano und dem anderen Hund weg, wobei ich mich ganz, ganz langsam entfernte, ungefähr in einem Tempo, als würde ich einen Schlüssel suchen. Beim ersten Mal brüllte Nano den anderen Hund noch an, beim zweiten Mal brüllte er deutlich kürzer, beim dritten Mal fing er an zu brüllen, lief dann aber hinter mir her, und beim vierten Mal ging er gleich mit mir mit, ganz leise Gänseblümchen zählen.

Und nun war das plötzlich vorbei.

Er regte sich immer mehr auf. Er raste hinter Hunden her, die sich weit entfernt mit dem Rücken zu uns noch weiter entfernten, um sie anzupöbeln, hörte dabei weder auf Pfiff, noch auf Rufe und war auch anschließend kaum noch zu beruhigen. Spätestens jetzt hätte ich ihn sowieso behalten müssen, denn so ein Verhalten hätte man niemandem zumuten können.

Es kann frustrierend sein, wenn das Leben nicht so läuft, wie man es sich vorgestellt hatte. Aber man passt sich an, während man seinen Weg macht. Man lernt, dass das, was man sich gewünscht hatte, oft gar nicht das ist, was man braucht. Und man hofft, dass die Lektionen, die man auf seiner Reise gelernt hat, irgendwann einmal nützlich sein werden.

Ich probierte alles, was mir einfiel, besprach mich mit Trainern und anderen Galgo-Besitzern, aber niemandem fiel etwas ein, was mir einleuchtete. An einem kalten, sonnigen Montagmorgen standen wir mit ein paar Hundefreunden auf einer großen Wiese. Die Hunde hatten ausgiebig gespielt, jetzt waren sie dabei gemeinsame Grabungsarbeiten auszuführen, als ein Jogger in sehr gemütlichem Tempo aus dem Wald angezockelt kam. Er lief 30 Meter an uns vorbei, grüßte und machte in keiner Hinsicht auch nur ansatzweise einen bedrohlichen Eindruck. Als er schon 20 Meter an uns vorbei war, schoß plötzlich Nano hinter ihm her und brüllte ihn an, wobei er den armen Jogger umkreiste. Sobald ich bei ihm angekommen war und ihn anleinte, war er wieder ganz ruhig. Der arme Jogger regte sich zu Recht fürchterlich auf, ich entschuldigte mich und ging mit Nano auf direktem Wege zum Tierarzt.

Denn mittlerweile dämmerte mir, dass es sich hier um etwas anderes handeln musste als ein erzieherisches Problem. Irgendetwas stimmte nicht; der Hund benahm sich an der Leine völlig anders als ohne Leine, und dabei waren wir ja schon einmal an einem anderen Punkt: Was sein Sozialverhalten betraf, hatte Nano einen riesigen Rückschritt gemacht, ohne dass sich äußerlich irgendetwas geändert hätte: Es gab keinen neuen Stressfaktor in unserem Leben, an alles, was es an Unsicherheiten gab, hatte er sich mittlerweile gewöhnt, und er wurde sehr gut ernährt.

Ich mache es Tierärzten nicht leicht. Ich will immer mehr als alle anderen, ich möchte genaue Erklärungen, ich lese massenhaft Studien und bin deshalb gefährlich halb-gebildet, andererseits höre ich manchmal auch schneller von irgendwelchen neuen Erkenntnissen als Tierärzte, die einfach unendlich viel zu tun haben in ihrem Tagesgeschäft. Und aufgrund meiner Arbeit als Journalist habe ich glücklicherweise immer wieder die Möglichkeit, bei Nachfragen sehr hoch ansetzen zu können – ich kann bei Fragen beispielsweise zu Impfungen direkt beim Vorsitzenden der Ständigen Impfkommission anrufen und muss mich nicht auf Aussagen von Tierarztassistentinnen verlassen, ich darf bei den Professoren anrufen, die in den letzten Jahren bestimmte Krankheiten erforscht haben, etc.

Das macht mich anstrengend für viele Tierärzte, das weiß ich. Ich gebe mir große Mühe, nie als Klugscheißer aufzutreten, aber ein einfacher Klient bin ich nicht. Das großartige war, dass meine beiden Tierärztinnen in Buch sich mit den Jahren an mich gewöhnt hatten und sogar meistens fanden, dass ich immerhin ihr Arbeitsleben bereicherte, weil meinen Hunden, wenn, dann immer nur fürchterliche Dinge passierten. Mit Würmern, Schnitten oder Dermatitis hielten wir uns nicht auf; wenn meine Hunde zum Tierarzt mussten, dann mit Dingen, für die man mindestens drei andere Tierärzte zurate ziehen musste und die so ungewöhnlich waren, dass deren Assistenten endlich mal was Spannendes lernten, und Behandlungen, die mich gleich ungefähr das kosteten, was man gemeinhin für einen Gebrauchtwagen bezahlt.

Soll heißen: Ich habe jedem Vorschlag vom Tierarzt noch etwas hinzuzufügen.

Wir nahmen Nano Blut ab, um die Schilddrüsenwerte zu überprüfen. Nicht nur T3 und TSH, nein: das wäre ja viel zu einfach. Es mussten T4, TSH, fT4, T3, fT3 und TAK sein, um überhaupt ein richtiges Schilddrüsenprofil erstellen zu können, während man natürlich gleichzeitig beachten musste, dass Windhunde grundsätzlich viel niedrigere Schilddrüsenwerte haben als andere Hunde: Da soll sich ein normaler Tierarzt mal auskennen.

Langer Rede, kurzer Sinn: Nanos Schilddrüsenwerte waren so niedrig, dass sie gar nicht mehr messbar waren. Kein Wunder, dass

Nano so unter Stress stand und sich zur Fahrrad- und Joggerplage entwickelt hatte! – Auch wenn ich es durchaus verstehen konnte, wenn ein ebenso licht- wie furchtloser schwarz gekleideter Radler in stockdunkler Winternacht mit iPod-Stöpseln im Ohr ihm als Unhold erschien, der laut vertrieben werden musste. Wenigstens wusste ich nun verbrieft und versiegelt und laborantisch bewiesen, dass der Hund nicht plötzlich bösartig geworden war und ich als Hundeerzieher plötzlich eine totale Niete.

Kaum war sein Equilibrium medikamentös wieder hergestellt, lauerten neue Aufregungen. Es gab in unserem Forst sehr schöne, unterschiedlich lange Spazierrunden. Sie führten fast alle an einem Garten vorbei, in dem etwa 40 Hühner lebten. Bisher hatte dies nie zu Komplikationen geführt. Störche, Kraniche oder Hühner – meine Hunde hielten das alles für das Gleiche: suspektes Federvieh, mit dem es nichts als Ärger gab, wenn man es sich näher ansehen wollte. Harry ließ ich vorsichtshalber immer an der Leine, wenn wir an der Einfahrt des kleinen Hühnerhofes vorbeikamen, die anderen waren sozusagen „federrein".

Wir liefen durch die morgendlichen Felder, aus der feuchten Wiese voller rosa Kuckuckslichtnelken stiegen feine Schleier. Am Teichrand sahen wir ein Reh herumspringen, das dort im Unterholz wohnte, aber ich hatte es zuerst gesehen und den Hunden etwas dazu sagen können, sodass sie bei mir blieben (Nano, der dazu neigt, erst zu reagieren und dann zuzuhören, war angeleint). Wir bogen um die Ecke, als plötzlich flügelschlagend und empört ein großes, schwarzes Huhn mit weißen Pünktchen gackernd auf uns zu rannte. Ich war zuerst etwas verwirrt, weil ich der Meinung war, das Huhn habe sich schlicht in der Richtung geirrt, aber nein: Es raste auf Fritz zu, der erschrocken bellte und auswich, und pickte nach ihm. Als es Fritz nicht erwischte, drehte das Huhn um und schoss auf Nano zu, der sich mit seiner Leine panisch um mich herum wickelte. Wir nahmen die Beine in die Hand und nahmen reißaus, aber flatternd, gackernd und flügelschlagend blieb uns das Huhn auf den Fersen.

Ich bin Einiges gewohnt. Wie schon erwähnt, vergessen Wildtiere mir gegenüber jegliche Diskretion und kreuzen meine Wege, als bewegten sie sich auf einem internationalen Laufsteg.

Aber Hühner hatten sich bisher noch zurückgehalten. Ich muss vielleicht vorausschicken, dass ich Hühnern kritisch gegenüberstehe. Das Huhn an sich ist außerstande, sich auf seine eigenen Angelegenheiten zu beschränken. Es fühlt sich als Mittelpunkt des Kosmos, und legt es ein Ei, ruft es Gott und die Welt als Zeugen an. Kein einziges anderes Tier macht ein derartiges Aufhebens um seine Fortpflanzung. Große, starke Tiere wie Elefanten, Pferde oder (einzelne) Wildschweine weichen einem Auto aus. Nicht so ein Huhn! Kraft der zentralen Stellung im Universum, die es einzunehmen glaubt, maßt es sich überall ein Wegerecht an und setzt mit unmäßigem Geschrei sein Leben daran, es durchzusetzen. Folgt ein Huhn seinem Dünkel, die Welt gehöre ihm, hindert es auch niemand daran.

Ein paar Tage später gingen wir denselben Weg entlang. Nano war wieder angeleint, ebenso wie Harry, dem voller Vorfreude Mordlust in den Augen glühte. Harry, das erwähnte ich bereits, fühlte Vögeln gegenüber etwas Ähnliches wie norwegische Lachse gegenüber angelnden Engländern, obwohl ich ihn mehrfach darüber belehrt habe, dass er keine Vögel anfallen darf. In der Nähe des Hühnerstalls wendete er sittsam seinen Kopf zur anderen Seite, als wir ein erstes Gackern aus einem Busch hörten. Das freche Huhn stob wütend daraus hervor, gackerte feindselig und zwang uns, Notiz von ihm zu nehmen. Fritz rannte sofort los, nur weg von dem zänkischen Huhn, die anderen zogen die Köpfe ein. Das Huhn warf sich auf Nano, der schrie, ich schrie, Harry bellte wie wahnsinnig, bis der Besitzer des Huhns aus seinem Garten gelaufen kam, um nachzusehen, ob meine Hunde gerade seine Hühner meuchelten. Das Gegenteil war der Fall.

„Bitte halten Sie Ihr Huhn fest!“ japste ich, während die Federn um uns flogen wie Konfetti. Der Mann fuchtelte mit einem Stock herum, sodass ich Angst bekam, er würde mir den Stock gleich versehentlich überbraten, meine Hunde bellten nun alle, völlig außer sich. Irgendwann gab das Huhn nach, und der Mann meinte: „Ja, das ist die Gerti, die legt ihre Eier gerne hier draußen.“ Ich erklärte ihm, dass sie das von mir aus ruhig könne, nur sei das Huhn ganz offensichtlich auf Requisition aus. Der Hühnerbesitzer fand das alles nicht so dramatisch und verschwand mit seinem empört gackernden Huhn unterm Arm in seinem Garten.

Ein paar Wochen lang mieden wir diesen Weg. Dann wagte ich mich wieder auf den Pfad des Schreckens in der Annahme, das Huhn habe in den Schoß seiner Gruppe zurückgefunden und seine Brutstätte wieder in den Hühnerhof verlegt. Harry hatte ich diesmal nicht angeleint, ich brauchte ihn ja möglicherweise als Schutzhund. Als Nano merkte, welchen Weg wir da eingeschlagen hatten, wollte er keinesfalls mitgehen. Er machte bockige Hopser, stemmte die Pfoten in den Boden und versuchte alles mögliche, um nicht Richtung Huhn gehen zu müssen. Ich kam mir vor wie sein Abschleppdienst – halb zog ich ihn, halb sank er hin.

Dass Harry uns von dem bösen Huhn befreite, war ein echter Verdienst. Kaum tauchten wir am Horizont auf, raste das Huhn mit eingebildetem Gezeter auf uns zu. Harry wiederum rannte auf das Huhn zu, womit es offenbar nicht gerechnet hatte. Es versuchte, Harry fliegend zu entrinnen, aber Harry, der in seiner Jugend ein hervorragender Frisbee-Spieler gewesen war, lief seiner Flugbahn voraus und erwartete es am Ziel als Retter unserer Ehre. Er zauste das Huhn bei seiner Landung, dass die Federn stoben. Dass es nicht ums Leben kam, war nur seinem fürchterlichen Gezeter zuzuschreiben, mit dem das Huhn seinen Besitzer, mich und alle Welt zu Hilfe rief. Dass wir uns nicht falsch verstehen: Lebende Hühner sind mir deutlich lieber als tote. Nur war dieses Huhn mit seinem Großgetue wirklich zu einer öffentlichen Gefahr geworden.

Wenn wir von nun an vorbeikamen, blieb die Henne in ihrem Busch sitzen, mit überheblichem Gebaren, und tat so, als habe sie den Weg erschaffen, bebaut und mit ihren Steuergeldern bezahlt. Feindselig gackerte sie uns Vorübergehende an. Hätte sie gekonnt, hätte sie Wegegeld von uns verlangt.

43

Natürlich spreche ich manchmal mit meinen Hunden, aber diese Unterhaltungen sind gewöhnlich nicht sehr tief. Unsere Themen reduzieren sich auf Varianten von „Was soll das denn schon wieder?" und „Muss das sein?"

Wie wahrscheinlich die meisten Hundebesitzer habe ich mir schon vorgestellt, wie es wäre, wenn man sich wirklich mit seinen Hunden unterhalten könnte – aber nur einmal, als Ausnahme. Einen Tag lang. Wenn Hunde immer sprechen könnten, wäre es wahrscheinlich nur halb so nett, mit ihnen zusammenzuleben. Themen wie Sex, Parasiten und „Schlittenfahren" auf dem Teppich würde ich ausklammern.

Aber wenn ich mit meinen Hunden sprechen könnte, hätte ich gerne ein paar Erklärungen. Zum Beispiel, wieso Nano, wenn ich ihn rufe, wie von einem inneren Zwang getrieben erst einmal mit Vollgas in die entgegengesetzte Richtung rennen muss, bevor er umdreht und, wie von mir erwartet, zu mir kommt. Oder woher Harrys Obsession mit Traktoren kommt. Und viele andere Dinge, die meine Hunde so tun, und die in meinen Augen nicht wirklich Sinn machen.

Ich habe mir nie irgendwelche Illusionen über tiefgehende Hundekommunikation gemacht, bis ich vor vielen Jahren durch Arbeit im Tierschutz feststellen konnte, dass es eine nicht unbedeutende Gruppe von Menschen gibt, die sich als „Tierkommunikatoren" bezeichnen. Diese Leute nehmen für sich in Anspruch, richtige Unterhaltungen mit Tieren führen zu können, die unsereins kaum mit Mitgliedern unserer eigenen Spezies führen können. Diese Tierkommunikatoren leben in einer Welt, an die ich seit meiner Kindheit glauben wollte, einer magischen, märchenhaften Welt, in der man in der Lage wäre, einen Sechzehn-Ender vor der bevorstehenden Treibjagd zu warnen. Anschließend würde er dann am Gartenzaun erscheinen und einen nachdrucksvoll aus tiefen dunklen Augen lange ansehen, um sich zu bedanken. So geschah es jedenfalls Amandala, einer Tierkommunikatorin, die immer schon Wochen im Voraus keine verfügbaren Termine mehr frei hatte (was aber auch daran liegen kann, dass sie in ihrem täglichen Leben Kindergärtnerin ist und auch ihr Tag nur 24 Stunden hat).

Es gibt viele Leute, die für eine solche Dienstleistung gutes Geld bezahlen. Ich fand das spannend, weil mich a) der Grad der Verzweiflung interessierte, der Menschen zu Tierkommunikatoren treibt, und weil es b) schließlich Vieles gibt, was ich nicht verstehen kann, und vielleicht wussten diese Leute ja wirklich etwas, wovon ich keine Ahnung hatte.

Also machte ich einen Termin mit einer Dame (es scheint in dieser Branche ausschließlich Frauen zu geben), um mit ihr zu klären, warum mein Windspiel Harry nach neun Jahren Rund-um-die-Uhr-Trainings und Therapie noch immer nicht entspannt ist mit anderen Leuten, Briefträgern, Katzen, Pferden, Autos, Fahrrädern, Treckern, großen Hunden, zottigen Hunden, Menschen in Arbeitskleidung, Rasenmähern und Mähdreschern. Besonders Mähdreschern, die er nämlich bebend vor Wut kreischend verfolgt und umkreist mit der festen Absicht, die haushohen Maschinen mit seinen sieben (nach einem guten Winter auch acht) Kilo aufzuhalten. Ich wollte die Wahrheit hinter seinen Attacken erfahren, und sei sie auch schmerzhaft.

Die Tierkommunikatorin wollte, dass ich ihr zwei oder drei Fotos von Harry mailte, was ich tat. Als Referenz für ihre Erfahrung erzählte sie mir von ihrem letzten Klienten, einem sieben Jahre alten Meerschweinchen, das so erbost war, dass seine Besitzerin ihm einen

Kumpel in seinen Käfig gesetzt hatte, dass er das andere Meerschwein beinahe umgebracht hätte. „Der Kleine hatte wirklich viel zu erzählen", meinte sie. „Er sagte mir dann, dass es seinen Käfig nicht teilen wolle." Hm. Diese Information hätte auch ich der Besitzerin geben können, ohne das Meerschweinchen zu kennen, denn in diesem Fall sprachen doch wohl actions louder than words.

„Ich habe lange mit Harry gesprochen", sagte Mimi, so hieß die Dame, zu mir. „Ihm lastete so Einiges auf seiner kleinen zarten Seele. Er ist so ein zauberhaftes Wesen." Ich dachte daran, wie das zauberhafte Wesen gerade heute ordinär kläffend hinter einem Trecker her gerast war, als sei er ein riesiger, geifernder Höllenhund, gegen den niemand eine Chance hätte. „Er ist sehr verletzt worden in einem früheren Leben", sagte die Tierkommunikatorin. Wobei ich einfügen muss: Ich tue mich *sehr* schwer damit, an frühere Leben zu glauben. Ich habe schon mit diesem hier genug zu tun – ich möchte einfach nicht auch noch dafür die Verantwortung übernehmen müssen, was ich im 16. Jahrhundert angestellt habe, als ich vielleicht ein Papagei auf der Schulter von Heinrich VIII. war.

„Aha", murmelte ich, während ich bereits vom Glauben abfiel. „Und was können die Mähdrescher dafür?" Um diese Frage zu klären, wollte Mimi mit Harry persönlich sprechen. Am Telefon. „Ich brauche seine direkte Energie", erklärte sie mir. Meine Hunde bekommen nicht sehr viele Anrufe, weshalb dies zu etwas ganz Besonderem wurde. Ich rief Harry zu mir, der misstrauisch und nur langsam näher kam. Um ihm den Hörer ans Ohr halten zu können, musste ich ihn am Halsband festhalten, damit er nicht beleidigt aus dem Zimmer rennen konnte. Während ich ihn praktisch gefesselt und geknebelt hatte, damit er sich mit Mimi unterhalten konnte, konnte ich sie durch den Hörer säuseln hören. „Das war ein großartiges Gespräch", sagte sie anschließend. Interessanterweise passte Harrys Gesichtsausdruck so gar nicht zu dieser Mitteilung, der mir nämlich deutlich sagte, dass Harry den Telefonhörer für ein Folterinstrument hielt, durch dass er gleich einen langsamen, schmerzvollen Tod erleiden würde. „Wir haben die Sache mit dem Mähdrescher klären können", sagte sie. „Harry war in einem früheren Leben ein Bambi", meinte sie. „Er lag in einer hohen Wiese, seine Mutter war unterwegs – und da kam diese riesige, schreckliche Maschine …" Offenbar war Harrys Erlebnisbericht so drastisch gewesen, dass ihr die Stimme versagte. „Du kannst dir wohl denken, was passiert ist? Er erzählte von unsagbaren Schmerzen und Blut, soviel Blut, überall Blut. Er braucht wirklich sehr viel Liebe und Nachsicht."

Ich drehte mich zu meinem etwas dicklichen Bambi, das gerade seine wenigen grauen Zähne fletschte, um seinen Freund Fritz aus dem Hundebett unter meinem Schreibtisch zu vertreiben. Irgendwie hatte ich das Gefühl, dass er eine ganz andere Botschaft aussendete. Ich weiß nicht, was Harry der Tierkommunikatorin erzählt hat. Die Bambi-Geschichte glaubte ich nicht. Vielleicht machte er sich einfach über sie lustig. Entweder das, oder einer der beiden hatte ein psychisches Problem.

Ich blieb Tierkommunikatoren gegenüber jahrelang skeptisch, bis ich die Schwester einer Freundin kennenlernte. Sie sah aus wie eine normale Person, kleidete sich normal und war eine sehr gute Fotografin. Was sie sagte, klang auch normal. „Man kann Hunde nicht fragen, ob sie lieber einen roten oder einen blauen Futternapf haben möchten", erklärte sie. „Sowas ist Hunden egal. Man kann sie auch nicht fragen, ob sie gerne in ein neues Zuhause ziehen oder bei dir bleiben möchten – sie kennen es ja nur bei dir, wie sollen sie so eine Entscheidung treffen?" Meike hatte tatsächlich viele Male Hunde wieder gefunden, die irgendwie verloren gegangen waren, nach einem Knall verschwunden oder sich verlaufen hatten, indem sie ihr schilderten, wie die Umgebung aussah, in der sie sich gerade befanden.

Ich war in München bei meiner Familie mit Amali, einer weißen Galga aus Spanien. Ich hatte sie vier Wochen zuvor als Pflegehund übernommen, sozusagen zur Aufbewahrung, bis ihr Besitzer, der in Konstanz lebte, aus seinem lange geplanten Urlaub zurückkäme. Amali war jung, schön und gänzlich unneurotisch. Sie kam eindeutig nicht von einem spanischen Jäger, sondern wusste sehr genau, wozu Sofas und Betten da waren, und dass es gewöhnlich köstliche Dinge auf der Küchenanrichte zu holen gab. Auch sonst zeigte sie nur wenig Respekt vor Menschen, Dingen oder anderen Tieren. Ihr neuer Besitzer schien ein Glücksfall zu sein; er hatte ein Haus und einen großen Garten und kürzlich nach vierzehn Jahren seinen Galgo verloren. Er bat mich dauernd um Fotos von ihr, schickte ihr per Mail Küsse und fragte mich schließlich, ob ich ihm den Hund nicht nach Konstanz bringen könne, es sei „so weit nach Berlin." „Das Erstaunliche an eben dieser Strecke ist es, dass sie von Berlin nach Konstanz genauso weit ist, wie umgekehrt", sagte ich. Ich fand, dass ich ihm doch schon einen großen Gefallen tat, indem ich seinen Hund unterbrachte, erzog und ihr gewisse Grundregeln beibrachte, bis er Zeit für sie hatte. Schließlich erklärte ich mich bereit, ihm Amali bis München entgegen zu bringen, legte mir Termine mit Verlagen in diese Zeit und arrangierte mich mit meiner Familie, die jeden Hund, der auch nur in meine Nähe kommt, mit Unruhe beobachtet aus Angst, er würde bei mir bleiben (nachdem sie dies aber bereits machen, seit ich vor 26 Jahren zum ersten Mal zwei Hunde hatte statt dem üblichen einen Hund, reagiere ich nicht mehr auf diese Nervosität. Im Übrigen haben sie ja gewissermaßen auch Recht). Ich parkte einen Teil meiner Hunde bei meiner Hundesitterin und wollte mich gerade mit Pixel, Amali und Nano auf den Weg nach München machen, als ich eine E-Mail von dem zukünftigen Besitzer von Amali bekam: „Ich habe nun hin und her überlegt und mir die Entscheidung wirklich nicht leicht gemacht", stand da, „ aber ich habe mir nun überlegt, dass ich ja täglich zehn bis zwölf Stunden arbeite und eigentlich von keinem Hund verlangen kann, das mit mir durchzumachen. Es wäre einfach nicht fair. Aus diesem Grunde habe ich mich nun schweren Herzens entschieden, Ihnen abzusagen, was Amali betrifft. Bitte hassen Sie mich nicht, und bitte nehmen Sie mir meine Entscheidung, die ich nur zum Wohle des Hundes getroffen habe, nicht so übel, dass Sie mir zu einem späteren Zeitpunkt keinen Galgo geben. Mir ist Ihre Organisation so sympathisch, auch die Art, wie Sie mit Amali umgegangen sind und von ihr geschrieben haben." Meine Gedanken möchte ich jetzt nicht aufschreiben. Freundlich waren sie jedenfalls nicht. Sie können sicher sein, dass kein einziger davon die Möglichkeit beinhaltete, diesen Herrn „zu einem späteren Zeitpunkt" als Zuhause für einen anderen Galgo in Betracht zu ziehen.

Also fuhr ich trotzdem nach München, denn ich musste meine Termine ja einhalten, und nebenbei konnte ich München als „gemäßigte Großstadt" gut für die weitere Sozialisierung von Amali einbauen. Sie hatte überhaupt keine Probleme mit der Stadt, den vielen Menschen, dem Verkehr oder den vielen fremden Hunden, die sie – anders als Nano – sehr unterhaltsam fand und keine Gelegenheit für ein Spielchen ausließ.

Am dritten Morgen hatte ich mich mit einer Freundin am Stauwehr an der Isar verabredet, um mit ihr und den Hunden einen Spaziergang im Englischen Garten zu machen. Am Nachmittag hatte ich einen Termin außerhalb der Stadt und wollte, dass die Hunde bis dahin müde und entspannt waren.

Nano und Amali liefen zusammen in gepflegtem Trab auf das Wehr zu – als wir plötzlich Getöse hörten, einen Brüller, dann bellte Nano, und Amali heulte. Ein Fahrradfahrer war mit 30 km/h auf Amali drauf gefahren, worüber sich Nano fürchterlich erschreckt hatte. Meine Freundin und ich rannten hinter den Busch, wo das Ganze stattgefunden hatte. Der Mann saß am Boden und streichelte wehleidig sein Fahrrad, während ich mich nach Amali umsah, die nirgends zu sehen war. Er wollte meine Telefonnummer, die ich ihm gerne gab, und dann, als ich den Hund suchen wollte, verlangte er noch meine Personalausweisnummer. „Die habe ich nicht dabei", sagte ich. „Ich muss jetzt meinen Hund suchen." „Dann will ich ihre Versicherungsnummer!" sagte er streng. Der Mann seinerseits war offenbar ein Zahlengenie, wenn er davon ausging, dass seine Mitmenschen reflexartig ihre Ausweis- und Versicherungsnummern auswendig aufsagen konnten in Zeiten von Not und Bedrängnis. Er ging immer wieder dramatisch hinkend um sein Fahrrad herum, prüfte, ob der Lenker noch gerade war und tat sich offensichtlich sehr leid. „Sie haben meine Telefonnummer", sagte ich. „Alles andere gebe ich Ihnen am Telefon. Ich muss jetzt meinen Hund suchen." „Sie bleiben hier!" sagte er barsch mit französischem Akzent. „Woher weiß ich, dass Ihre Nummer stimmt?" „Das ist mir ganz egal", meinte ich. „Mein Hund ist weg, der kennt sich hier nicht aus. Ich muss ihn suchen." Eine andere Dame mischte sich nun ein und klärte den Radfahrer darüber auf, dass er am Wehr nur Schrittgeschwindigkeit fahren durfte und jetzt mal *mir seine* Nummer geben solle.

Wir fanden Amali nirgends. Ich raste die Isarauen auf und ab: Sie war verschwunden. Sie war niemandem aufgefallen, dabei ist ein großer, fast weißer dünner Windhund ja eigentlich nicht zu übersehen. Gerade in diesem Moment rief mich meine Freundin Inga an, der ich das Ganze in kurzen Zügen erzählte. "Ich rufe meine Schwester an", sagte sie nur. Meike rief mich zurück, und meinte: „Sie ist in deiner Nähe. Sie ist leicht verletzt, sie blutet ein bisschen, aber nicht schlimm. Sie hört dich auch, aber sie hat sich so erschrocken, dass sie nicht herauskommen will." „Hast du eine Ahnung, wo sie ist?" fragte ich hochgradig nervös. „Soweit ich das sehe, sitzt sie irgendwo zwischen Büschen und Wasser." – Wobei ich sagen muss: Meike befand sich in diesem Moment irgendwo in Essen, München kannte sie kaum, und wie es in den Isarauen aussah, hatte sie keine Ahnung. Und auch nicht, dass die von ihr erkannte Situation von Büschen und Wasser bestand, soweit das Auge reichte: Es war unmöglich, Amali so zu finden. „Brauchst du auch nicht“, sagte sie. „Die kommt von alleine, aber erst in ein paar Stunden. Fahr' zu deinem Termin, und wenn du zurück bist, kommt Amali auch.“

Dein Wort in Gottes Ohr, dachte ich mir, und lief zu Fuß durch die Isarauen zur Wohnung meiner Mutter am Kufsteiner Platz. Unterwegs fragte ich jeden, der mir entgegen kam, ob er Amali gesehen habe, beschrieb sie, dankte und lief weiter.

Das Gute war: Amali war kein scheuer Hund und fürchtete sich vor nichts – sie würde sich also wahrscheinlich nicht erst im Schutz der Dunkelheit aus ihrem Versteck trauen, wie ich das schon manchmal mit entlaufenen Hunden erlebt hatte. Der Weg nach Hause – obwohl wir ihn erst zweimal gegangen waren – war einfach: Immer schnurgeradeaus, also würde sie sich vielleicht erinnern, wenn der Schreck erst einmal verflogen war.

Ich konnte meinen Termin nicht absagen. Ich fuhr also hin, brachte ihn gut über die Bühne, und machte mich gegen halb fünf wieder auf den Heimweg, als mein Handy klingelte. „Ja, guten Tag, Sie haben mich heute früh angesprochen, weil Sie Ihren Hund vermisst haben“, sagte eine Stimme. „Ich wollte nur sagen: Der Hund ist jetzt bei mir. Er stand vorhin einfach vor mir.“ Die Telefonnummer hatte sie an Amalis Halsband abgelesen.

Als ich bei der Adresse der Dame ankam – die genau in der Mitte zwischen Stauwehr und meiner Mutter wohnte –, lag Amali ganz erschöpft, aber hochzufrieden mit sich auf dem Sofa der Dame und sah mit ihr zusammen fern.

Mag man denken was man will: Meike hatte alles vorausgesagt. Den Teil, in dem Amali auf einem weißen Ledersofa auf glänzendem

Marmorboden liegen würde, hatte sie ausgelassen, aber alles andere war genauso eingetroffen: Amali hatte ein paar leicht blutende Wunden an der Brust und einen Schmiss unterm Auge, aber ansonsten war sie unbeschädigt.

Meine Einstellung gegenüber Tierkommunikatoren ist inzwischen eine andere. Was Harry betrifft, so glaube ich, er hat sich mit der Tierkommunikatorin einen üblen Scherz erlaubt.

44

Amali war offenbar auch der Meinung, sie sei gekommen, um zu bleiben. Sie sieht aus wie ein elegantes weißes Fabelwesen mit langer Schnauze, kajalumrandeten Augen und den schmalsten Gliedmaßen, die man sich vorstellen konnte. Allerdings benahm sie sich wie ein verweichlichtes kleines Mädchen. Sie bellte nicht, sondern jaulte, und zwar so, dass man entsetzt zu ihr hinstürzte, weil man dachte, sie habe sich schwer verletzt –, um festzustellen, dass sie nur versuchte, auf diese Weise einem der anderen Hunde deren Kauknochen abzuschwatzen. Sie knurrte nicht, sondern keifte. Es dauerte ein halbes Jahr, bis ich einen vernünftigen Beller von ihr zu hören bekam. Wenn sie etwas besonders bequem fand, grunzte sie aus tiefster Brust. Bereits nach kurzer Zeit gewann sie die Überzeugung, das Haus, der Wald und überhaupt alles drumherum gehöre ihr. Amali hat einen ausgeprägten Eigentumssinn. Katzen jagte sie auch, aber weniger aus Mordlust als aus Freude, dass sie vor ihr davonliefen. Ich konnte es ihr nur insoweit abgewöhnen, als sie es sein ließ, wenn ich dabei war. Dann gewöhnte es ihr eine trächtige Katze ab. Es war eine falbfarbene Bauernkatze, von der Amali angenommen hatte, sie werde so hurtig wie die anderen davon laufen. Sie aber tat etwas ganz anders: Die Katze sprang Amali auf den Rücken, krallte sich mit den Hinterbeinen auf ihrem Rücken fest und ohrfeigte sie, während Amali wie angestochen im Kreis lief. Sie wurde die Katze erst wieder los, als sie sich gedemütigt auf den Boden warf. Die falbe Katze setzte sich neben sie und sah aufmerksam zu, wie sich Amali wieder aufrappelte. „Wünschen Sie noch etwas?" schienen ihre gelben Augen zu fragen.

Amali wünschte nichts mehr. Seither ist sie umgänglicher mit Katzen und jagt stattdessen Vögel. Sie rast auf den Feldern den Schwalben nach, wohl wissend, dass sie sie nie erwischen wird, aber sie nutzt die Schwalben, um ihre Renn-Flashs auszuleben, fegt über die Wiesen und durch die Maisfelder, bis sie überall grüne Flecken hat.

Das Schöne an Windhunden ist, dass sie sich nicht anbiedern. Ich habe Hunde und Menschen, die zum Kalfaktern neigen, nicht gern: Solche Menschen und Hunde verzetteln ihre Liebe. Windhunde neigen dazu, richtige Einmannhunde zu sein. Pixel und Gretel waren zwar für Windhunde ausgesprochen liebenswürdig, aber sie wären nie auf die Idee gekommen, einen Fremden mit Liebesbezeugungen zu überschütten. Nano liebt sowieso nur mich und brauchte selbst in meinem Fall über ein halbes Jahr, bis er bei meinem Anblick wedelte – er ist nicht gerade ein extrovertierter Typ. Ich kann zwar nicht geradeheraus beweisen, dass er mich inzwischen liebt, aber mir wurde berichtet, dass er einmal, als ich ein Radio-Interview gab und er zu Hause wartend meine Stimme hörte, durchaus in den Lautsprecher springen wollte. Er ist auch derjenige meiner Hunde, der zehn Minuten, bevor ich zu Hause ankomme, bereits am Fenster Stellung bezieht und meine Rückkehr erwartet. Mir gegenüber zeigt er freilich keine Ekstase. Als ich nach dem Radio-Interview nach Hause kam, beschnüffelte er mich sachlich, und nachdem er festgestellt hatte, dass ich in meiner Abwesenheit zu keinem anderen Hund in Beziehung getreten war, wedelte er drei Mal. (Ich zähle das Wedeln von Nanos Rute. Er tariert es genau. Unsere Putzfrau Jolanta würdigte er mit einem Wedler, mich dagegen gewöhnlich mit zweien, wenn ich nach Hause kam.) Dreimal gewedelt ist eine besondere Auszeichnung, die er mir nur nach längeren Abwesenheiten verleiht. Meinen Kommandos folgt er bei aller Liebe trotzdem nicht immer. Aber liegt da die Schuld bei ihm? Einem Freund gibt man keine Kommandos. Mit einem Freund verständigt man sich.

Harry der Zitteraal begegnet Fremden mit tiefem Misstrauen und verkündet das auch überdeutlich und sehr laut, während Fritz freundlich ist, aber für Leute, die er nicht kennt, schlicht keine Zeit hat. Amali dagegen stammte ziemlich offensichtlich aus einem Frauenhaushalt, und war dort offenbar wie ein Schoßhund behandelt worden. Sie war etwa neun Monate alt, als sie nach Deutschland kam. Sie brachte alle Voraussetzungen mit, ein Einmannhund zu werden. Während ihrer eindrucksfähigsten Lebenszeit war sie allerdings ein Damenhund gewesen. Von dort geriet sie irgendwie in eine spanische Tötungsstation, aus der sie von einer Tierschutzorganisation gerettet und in deren Pension untergebracht wurde, wo sie im Zwinger fassungslos um Liebe und Aufmerksamkeit flehte. Entsprechend dauerte es eine Weile, bis ihre verschüttete Anlage zum Einmann- oder Einfrauhund wieder bloßgelegt war. Anfangs freute sie sich recht undifferenziert über jeden, sprang an jedem hoch, kroch jedem auf den Schoß, als wolle sie fragen: „Liebst du mich? Bist du mein neues Zuhause?“ Aber sie war ja auch noch sehr jung. Ich glaube außerdem, dass die Zwischenstation Tötung oder Tierheim Hunde viel mehr aus dem Gleichgewicht bringt, als wenn sie direkt von einem Zuhause in ein nächstes ziehen: Das können Hunde normalerweise gut verkraften. Aber eine Zeit, in der sie niemanden haben, auf den sie sich verlassen können, nichts von dem verstehen, was um sie herum passiert, den Krach, die merkwürdigen Abläufe in einem Tierheim, keine verständliche Kommunikation und niemand, der ihnen ein Sicherheitsgefühl geben kann, gehen Hunden an die Substanz. Es muss furchtbar sein für Tiere, die schon lange im Tierheim sitzen. Als wären sie im freien Fall.

Dementsprechend war Amali auch futterneidisch. Meine Hunde kennen so etwas nicht und waren etwas konsterniert, als Harry oder Fritz nur mal freundlich gucken wollten, wie weit sie denn mit ihrer Mahlzeit war, und Amali gleich giftig quietschte und die Zähne fletschte. Auch das ist nicht ungewöhnlich für Hunde, die über einen gewissen Zeitraum in großen Gruppen gefüttert wurden: In den Auffanglagern der Tierschutzorganisationen haben die Hunde häufig keine eigenen Näpfe, sondern werden aus großen Wannen gefüttert. Mit der Zeit legt sich dieses Verhalten. Ich ermahne es ruhig, kümmere mich aber normalerweise nicht weiter darum, weil es sich, wie gesagt, bald legt. Amali hatte dabei eine besondere Vorliebe für Knochen. So richtig erklären konnte ich das nicht: Alle Hunde lieben Knochen, ziehen aber eine Fleischmahlzeit vor und betrachten Knochen nur als Bonus. Nicht so Amali. Vielleicht fand sie im Knochen einen subtileren, mit einer Zigarette oder einem guten Wein vergleichbaren Genuss. Sie ließ die Knochen auch gerne reifen. Sie nagte sie erst an und trug sie dann etwas ratlos in der Gegend herum, versuchte, sie im Bücherregal oder unter den Kissen ihres Hundebettes einzulagern. Wenn ich sie dabei erwischte und nach draußen scheuchte, vergrub sie den Knochen, ging dabei aber ungemein vorsichtig vor. Sie ließ sich nie dabei zusehen. Sie schob sich den Knochen tief ins Maul und schlich, sich immer wieder misstrauisch umwendend, ins Gebüsch. Fühlte sie sich beobachtet, entfernte sie sich und täuschte harmloses Schlendern vor. Meist erkannte ich nur an ihren schwarzen Pfoten, dass sie einen Knochen eingegraben hatte. Wenn sie ihn ausgegraben hatte, fand ich ihn häufig schwarz, feucht und krümelig, unter der Tagesdecke unter meinem Kopfkissen.

Im Laufe eines halben Jahres wurde sie vom Schoßhund zum Mannhund. Oder Frauhund. Zu einem trotzigen Einmannhund mit mutigem Herzen und nur noch leichtem Hang zur Hysterie.

45

Mit Amali ergaben sich anfangs Unstimmigkeiten mit den vorhandenen Hunden, weil sie ohne erst zu fragen bestens gelaunt die Näpfe der anderen Hunde leer fraß, während diese, konservativ, wie sie sind, den ihren ablehnten. Weil meine anständigen Hunde niemanden anknurren oder beißen, gaben sie mir nur mit tiefgekränktem Gesichtsausdruck zu verstehen, dass sie lieber verhungern wollten, als das gefräßige Galgomädchen weiterhin um sich zu dulden. Es stellte sich bald heraus, dass sie einen eigenartigen Geschmack hatte. Hunde aus dem Tierschutz haben häufig großen Nährstoffbedarf, weil sie in ihrem bisherigen Leben miserabel ernährt worden sind, und auch ich mache mir viele Gedanken, wie ich den neuen Hund nun in kürzester Zeit in Topform bringen kann. Ich stellte ein spezielles Menü zusammen, für das ich mir genaueste Zugaben von Kräuterhefe, bestimmte Öle, Propolis, biodynamisch besser verwertbare Kohlenhydrate und Single-Protein-Biofleisch ausgedacht hatte, mit einer Prise sanft geerntetes Braunalgenpulver, und stellte es dem zarten Ding vor die Nase. Leider fehlten Äste und Stöcke bei diesem Rezept, Amali hielt sich aber am liebsten an diese, während sie den köstlichen gesunden Brei, den ich ihr vor die Nase hielt, höchstens als Nachtisch goutierte.

Amalis Diät war elastisch. Manche Völker essen als Schönheitsmittel Lehm, manche Asiaten verspeisen frittierte Ameisen, und ich habe mal gehört, dass man in den 50er-Jahren zur Verjüngung täglich ein angebrütetes Ei verzehrte: Trotzdem kenne ich kein Geschöpf mit so eigenartigem Geschmack wie diese Galga.

Gemäß des eindringlichen Wunsches einer galgoerfahrenen Freundin wollte ich ihr anschließend einen Löffel Lebertran geben. Eingedenk ihres Stöcke-Dinners mischte ich noch ein bisschen Löwenzahnsaft und Rizinusöl dazu und diverse ausgesuchte, handgeklöppelte Kräuter. Ich machte mich auf einen harten Kampf gefasst, aber sie schmatzte den üblen Cocktail mit Hingabe ein und leckte anschließend noch den Löffel sauber. Davon ermutigt, setzte ich ihr den Napf vor, der vorschriftsmäßig mit ausgesuchtem Bio-Futter gefüllt war – doch Amali rümpfte nur geringschätzig die Nase und hinterließ im Wohnzimmer zum Zeichen ihres Unmuts eine gewaltige Pfütze, um deren Erledigung halber ich sie vorher in den Garten gelassen hatte. Ich wollte ihr das Futter dann zu Mittag vorsetzen, aber bis dahin hatte sie sich schon nach eigenem Geschmack gesättigt mit einer Erstausgabe von Thomas Manns „Herr und Hund", einem meiner Turnschuhe und dem Einband von Sartres „Wege zur Freiheit". Der Hund wurde mir mit seiner Literaturauswahl etwas unheimlich. Den gefüllten Futternapf stieß sie mit einem verächtlichen Schlenker der Vorderpfote um, damit er ihr nicht zum dritten Mal serviert wurde.

Dafür liebte sie fortan Lebertran. Junge Hunde brauchen das manchmal, aber nehmen es gewöhnlich nicht gerne. Amali hingegen zieht ihn jedem anderen Getränk vor. Ein Löffel Lebertran bedeutet ihr etwas Ähnliches wie den meisten Leuten ein Glas Wein. Aber natürlich gibt es Wein und Wein, nur ein Banause wird sich am Chianti bedienen, wenn auch ein Shiraz auf dem Tisch steht. Amali fordert den feinsten Lebertran, den es in der Apotheke gibt, das, auf eine Weinflasche berechnet, ungefähr das Gleiche kostet wie eben diese.

Es ist immer wieder erstaunlich, wie schnell diese Hunde, die in Spanien auf nacktem Beton leben – ohne Hundebett, ohne vernünftiges Futter und ohne menschliche Zuneigung –, hierzulande lernen, was gut und teuer ist. Galgos sind mitnichten Gratishunde bzw. günstige Schutzgebührhunde. Das stimmt nur zu Anfang: Je länger man sie hat, desto mehr werden sie zu fressendem Kapital. Natürlich sind sie mit Geld nicht aufzuwiegen, sie sind voller Liebe und Leben und Charme, aber das hat durchaus seinen Preis. Amali hat die Seele einer Gangsterin im Körper eines Engels. Sie hat eine porzellanweiße Garnitur schöner Zähne, mit denen sie alles zermahlt, was nicht angewachsen ist. Obwohl – das ein oder andere Stuhlbein schien ihr auch zu gefallen. Dass sie Thomas Mann und Sartre verspeist hatte, war keineswegs ein Zufall: Sie ist eine echte Literaturfreundin und frisst sehr gerne ausgewählte Bücher und dabei am liebsten Erstausgaben. Ihr literarischer Geschmack ist allerdings sprunghaft: Ob Astrid Lindgren und Gogol, Nabokov, Denis Johnson oder James Thurber hat sie alle Bücher zum Fressen gern – so lange es gebundene Ausgaben sind. Taschenbücher verschmäht sie. Als Beilage verspeist sie Klopapier.

46

Wie es überhaupt zu den ganzen Windhunden kam, weiß ich auch nicht genau. Es war ein schleichender Prozess. Eigentlich komme ich aus einer Familie, in der man normale Hunde mag. Hunde, die sabbern, haaren, sich kratzen und immer mit dabei sind und die keine Stresssymptome zeigen, nur weil sie gerade nicht mit ihrem inneren Hund verbunden sind. Hunde, die sich nicht sofort in Pose werfen, wenn eine Kamera auf sie gerichtet wird. Aber immerhin hatte ich schon mit Großpudeln mein Leben geteilt, irgendwie waren die Windhunde nur die logische Entwicklung daraus.

Bei uns zu Hause hatte man Jagdhunde. In meiner Familie herrschte der Konsens, dass es zwei Sorten Hundeleute gäbe: Die mit großen Hunden (zu denen allerdings auch der Dackel und der Mops gehörten, die es in der Verwandtschaft ebenfalls gab. Es hing scheinbar auch von der Hunde-Persönlichkeit ab, ob sie als „große Hunde" wahrgenommen wurden) waren Leute, die sich mit Wein und alten Whisky-Sorten auskannten, gebildet und großzügig waren und ausgesprochen verantwortungsvoll mit ihren Hunden umgingen – wenn auch nicht offen sentimental. Großhundbesitzer gaben nicht offen zu, dass sie ihre Hunde sehr liebten, obwohl einer meiner Onkel jahrelang in einem anderen Stockwerk lebte als seine Frau, weil deren beider Münsterländer-Rüden sich nicht vertrugen: Also lebte mein Onkel im Erdgeschoß, meine Tante mit dem anderen Rüden im ersten Stock. Leute mit kleinen Hunden dagegen lebten nach dieser konservativen Auffassung in überdekorierten kleinen Wohnungen, lamentierten in quietschigen Stimmen über das Leben im Allgemeinen und ihres im Besonderen (ein absolutes No-Go in meiner Familie), sie kleideten ihre Hunde ein und tranken bunte Cocktails mit noch bunteren Schirmchen. Katzen wurden gar nicht erst erwähnt.

In meiner Verwandtschaft gab es vor allem große Jagdhunde mit und ohne Bart, aufgeregte Labradore und Jagdterrier, die grundsätzlich völlig außer sich waren. In meiner Familie hatte man Hunde, weil sie „nützlich" waren – obwohl keiner der Möpse meiner Tanten je auf die Idee gekommen wären, irgendetwas anderes zu apportieren als ein Spielzeug. Die Hunde wurden nie übermäßig und mehr verdeckt geliebt; eine ausschweifende Liebe zum Hund wurde eher kopfschüttelnd betrachtet (weshalb ich mein ganzes Leben lang von meiner erweiterten Familie mit so viel Kopfschütteln betrachtet wurde, dass in meiner Nähe bald alle Kopfweh bekamen). Die Hunde in meiner Familie waren unglaublich schöne Kreaturen mit seidigem Fell, geschmeidigen Bewegungen und tiefgründigen Augen. Sie kamen von Züchtern, die in schönen alten Häusern mit riesigen Gärten lebten, sofern sie nicht bei uns gezogen wurden, und die den Hundeverstand mit in die Wiege gelegt bekommen hatten. Die Hunde hatten Stammbäume, die den Stammbaum meiner Vorfahren bei Weitem übertrafen, und schienen das auch zu wissen. Sie waren anständig und auf natürlich-instinktive Weise zurückhaltend, hatten ein ausgeprägtes Privatleben, und das war auch gut so. Niemand machte sich Gedanken über mentale Kommunikation, richtiges Führen, oder machte aus der Fütterung eine Religion.

Meine Abspaltung von den Großhundeleuten geschah schleichend. Als Teenager übernahm ich meinen ersten ganz und gar eigenen selbst ausgesuchten großen Hund, einen Mischling aus Setter und Husky. Elsa wurde mit ausschweifender Liebe überschüttet und war nur meiner Seele nützlich. Anschließend kamen Hunde in allen Größen, Farben, von Rasse oder nicht, mit Stammbäumen oder aus Mülltonnen, von Straßen – Hauptsache, sie waren interessante Hunde.

Mittlerweile lebe ich mit einer völlig gemischten Truppe zusammen. Der aller-allerkomischste meiner Hunde ist ganz ohne Zweifel Barthl. Barthl kam auch schon wieder aus so einer Tierschutzsituation: Ein Ehepaar hatte in ihrem sehr, sehr kleinen Häuschen ohne Garten über hundert Hunde, lauter Mischlinge aus Havaneser, Shi Tzu, Yorkshire-Terrier, Lhasa-Apso und Tibet Spaniel. Möglicherweise war auch irgendwo noch ein Pekinese unter der Verwandtschaft. Wie es zu dieser Ansammlung kam, wurde nicht ganz klar aus den Erzählungen der Tierheimmitarbeiter, in der plötzlich alle diese Hunde auf einmal abgegeben wurden. Wahrscheinlich versuchte man, so genannte „Designer-Hunde" zu produzieren, konnte sich dann aber vom Nachwuchs doch nicht trennen. Und so kam buchstäblich einer zum anderen, jeder verpaarte sich mit jedem, wobei das Ehepaar sich wirklich große Mühe gab, die Hunde nicht zu vernachlässigen: Von den hundert Hunden, die abgegeben wurden, hatte nur ein einziger eine Ohrenentzündung, und ein einziger musste geschoren werden. Beides kann einem auch mit Einzelhunden passieren. Sie waren natürlich nicht toll ernährt, sondern hatten trockene Haut und eher stumpfes Fell, die meisten der Welpen hatten Milben. Aber sie waren sehr gut sozialisiert, fröhlich mit Menschen (und mit Hunden sowieso): Hundert kleine Tierschutz-Glücksfälle also – wenn auch mit sehr, sehr schrillen Stimmchen.

Barthl sah anders aus als die anderen. Kein langes Rapunzel-Haar in Zobelfarbe. Er hatte etwas von einem winzigen explodierten Handfeger in dunklem Mahagoni-Rot, mit vier weißen Pfoten, weißer Brust, einer absurden weißen Strähne im Nacken und einem weiß umsäumten Schnauze. An den Ohren hatte er lange schwarze Strähnen. Er war das Niedlichste, was ich seit langem gesehen hatte. Ich kann nicht beschwören, dass es ihm bei meinem Anblick genauso erging, aber als ich ihn auf den Arm nahm, sah er mich kurz prüfend an, leckte mir einmal kurz über die Nase, und beschloss, dass es auf meinem Arm gut war – auf jeden Fall besser als in dem Zwinger mit seinen sehr lauten Verwandten. Die waren naturgemäß furchtbar aufgeregt über die neue, völlig veränderte Lebenssituation und kläfften deshalb fast ununterbrochen. Er machte nicht die geringsten Anstalten, mich wieder aus den Augen zu lassen. Daran hat sich auch in der Zwischenzeit nicht viel geändert, obwohl wir mittlerweile eine etwas offenere Beziehung führen: Ich darf auch mal ohne ihn ins Bad gehen.

Im Auto schlief er die ganze Zeit auf meinem Bauch, offenbar froh, einmal in Ruhe und ohne permanentes Gebell als Geräuschkulisse schlafen zu können. Im Haus marschierte er direkt in ein Hundebett und ließ sich darin nieder, als ob er schon sein Leben lang da gewesen wäre. Und wie bei allen anderen Sachen, die er machte, betrachtete ich dies als ein Zeichen seines Genies.

Barthl war sehr, sehr klein. Der ganze Hund war ungefähr Schuhgröße 43 (ich kann das beurteilen: Er hat oft genug meine Turnschuhe verschleppt) – aber seine Persönlichkeit war riesig. Wie es jungen Hunden vorkommt, fraß auch er alles, was ihm in den Weg kam. Das konnte ich ihm nicht verargen, nachdem ich durch Nano und Amali noch gut im Training war, und wie sonst hätte er fürs spätere Leben lernen sollen, dass Kröten brennen und schwarze Oliven seine Verdauung beeinträchtigten?

Sind zum Beispiel Socken essbar? Dem durchschnittlichen Menschen erschließt sich die Socke nicht als Delikatesse, egal, wie flauschig sie sein mag. Hunde sehen das völlig anders: Wenn man an Socken erst ordentlich gezerrt und sie durchgekaut hat, den Zehenteil, die Stelle, in der sich vorher der Fußballen befand, und die Ferse, sind sie ein unbeschreibliches Geschmacksereignis. Der kultivierte Hund findet jeden Gegenstand im Haushalt essbar bis zu einem gewissen Grad, einschließlich Putzhilfsmitteln wie Scheuerwolle, Küchenschwämme, Papierrollen, Klopapier oder Vlies-Staubtücher.

Ebenso Topflappen, Wäscheklammern und alle Arten von Putzlappen. Eine gute Daumenregel ist: Alles, was man auf dem Boden findet, das ins Maul passt, kann als Vorspeise gewertet werden, also auch Dichtungsringe, Filzstücke, die unter die Beine von Möbelstücken geklebt oder geschoben wurden (zusätzlicher Bonus: Das Filzstück erst einmal in stundenlanger Friemlei unter dem Möbelstück herausbekommen!). Dann fällt es auch nicht mehr schwer, die gustiöse Bedeutung von anderen Gegenständen zu begreifen: Holz in allen Formen, ob als Tisch- oder Stuhlbein, Fernbedienungen (die wunderbar nach den Menschen riechen, die der Hund am liebsten hat, und womöglich noch nach Fingern, die vorher in einer Chips- oder Erdnusstüte gesteckt haben), Unterwäsche, Nylonstrumpfhosen oder Kabel, deren gummiähnliche Ummantelung ein wunderbar süßliches Aroma hat.

Dafür nimmt Barthl nie etwas übel. In diesem Punkt erinnert er mich an meine schwarze Pudelhündin Luise, die auch bei strengen Worten immer der festen Überzeugung war, irgendjemand anders sei gemeint – es fehlte nur noch, dass sie sich umdrehte, mit wem ich eigentlich sprach. Auf „Neins“ reagiert Barthl ganz genauso, überzeugt, es könne sich nur um ein Missverständnis handeln. *Mein* Missverständnis, versteht sich.

Amali dagegen ist ganz anders: Widerfahrenes Leid vergisst sie nicht. Seit sie sich einmal in einer Ecke der Terrasse an einer Kröte vertan hatte, die ihr eine widerlich schmeckende Flüssigkeit entgegenspritzte, betrat sie diese Ecke unter keinen Umständen mehr. Als ich den Vorfall längst vergessen und ein paar Hundebetten nach draußen – in besagte Ecke! – gelegt hatte, damit die Hunde auch im Garten weich liegen konnten, legte sie sich soldatenhaft hart aufs Steinpflaster der Terrasse. Dabei hatte *sie* die Kröte doch bedroht, in dem sie versucht hatte, hineinzubeißen! Aber versuchen Sie mal, mit einem Galgo zu rechten. In Amalis Charakter vereinigt sich wehleidige Übelnehmerei für Schmerzen, die ihr andere zufügen *könnten* (Sie sollten hören, wie sie schreit, wenn sie die Krallenschere nur sieht – als habe man ihr bereits einmal – und wahrscheinlich mit Absicht – in die Pfote geschnitten) mit stoischer Gleichgültigkeit gegen das Leid, das sie anderen verursacht. Vollkommen unbeeindruckt latscht sie über andere Menschen, deren Bäuche und Weichteile, tritt auf andere, schlafende Hunde und wundert sich höchstens ein bisschen, wenn einer aufschreit. Harry, Fritz, Nano, Gretel oder Pixel täten derlei niemals: Sie sind viel zu rücksichtsvoll und vornehm für solches Verhalten. Weder Nano, noch Gretel oder Pixel würde man im Haus überhaupt wahrnehmen, wenn man nicht explizit auf sie achtete. Gretel und Pixel sind immer bemüht, Spannungen und Konflikte zu vermeiden (eigene wie fremde) und eher Beschwichtigungsclowns, die möchten, dass alle stets allerbester Laune sind. Nanos bernsteinfarbene Augen mit dem entrückten Blick und sein monochromes Fell verleihen ihm sowieso die Ausstrahlung einer alten Seele, der nichts mehr fremd ist. Ich hatte mit ihm eine Art persönlicher Zen-Lehrer unterm gleichen Dach. Ich suchte stets Antworten auf epische Fragen: Wie wollte ich für den Rest meines Lebens leben? Zu welchem Zweck existierte Leid auf der Welt? Warum gehorchte er so schwer? Wie werde ich gelassener? Meistere zuerst die kleinen Schritte, antwortete Nano. Seine erste Aufgabe als buddhistischer Botschafter war es, mir einen einfacheren, spartanischeren Lebensstil beizubringen, indem er die meisten meiner materiellen Besitztümer zerpflückte, die im Haus herumlagen.

Aber wenn wir unsere Hunde lieben, dann vergeben wir ihnen alles.

Nano zerfraß alle meine Turnschuhe – auch die ganz neuen, die noch ungetragen darauf warteten, meinen Fußschweiß aufzunehmen. Danach gönnte er sich und mir eine kurze Pause, und als ich gerade dachte, die Schuh-Phase sei überstanden, machte er sich über meine Sandalen her. Danach verspeiste er eine sehr schöne, originäre Handtasche, die ich zwar hochgestellt hatte, aber eben nicht über seine Augenhöhe. Er kaute sich durch das weiche Vintage-Leder, zerfetzte das türkise Innenfutter in winzige Konfettistückchen und fraß, wo er schon einmal dabei war, alle meine darin befindlichen Lippenstifte auf. Es schien ihm nicht zu schaden, ich wunderte mich nur, wieso seine Zähne und seine dunklen Lippen so einen fettigen, rosé-ähnlichen Glanz hatten und er dauernd wenig diskret rülpsen musste. Offenbar ist Lippenstift schwer verdaulich. Er war klug genug, sich nicht an wirklich teuren Dingen zu vergehen, den Sofas, dem einen Paar wirklich teurer Pumps, das ich besitze – sonst hätte ich die Suche nach einem geeigneteren Zuhause intensiver betrieben. Ich hielt aus und überlegte nicht lang, was für eine Lektion ich hier lernen sollte: Manchmal ist Liebe eine echte Anstrengung.

Eine andere Galgo-Hündin, die ich als Pflegehund übernahm, Zita, hatte sich auf Brillen und Socken spezialisiert. Im Wald interessierte sie sich nicht das kleinste bisschen für Kaninchen oder Rehwild. Stattdessen konzentrierte sie ihren Kill-Instinkt vollständig auf Strümpfe. Als sie das erste Mal einen verspeiste, machte ich mir noch Sorgen, wie sich dieser Imbiss auf ihre Verdauung auswirken würde, stellte aber bald fest, dass ihre Verdauung 1A war. Sie fraß so viele meiner Socken, dass ich bis heute, wenn ich einen Einzelstrumpf in meiner Schublade finde, davon ausgehe, dass Zita den anderen erwischt hat – und nicht, dass ich ihn vielleicht in der Wäsche verloren habe. Kurz bevor sie vermittelt wurde, stellte sie die Sockenfresserei komplett ein. Die Lektion, die ich hieraus zog, war einfach: Alles geht einmal vorüber.

Die meisten Hundebesitzer haben die eine oder andere traurige Geschichte über einen Lieblingsgegenstand zu erzählen, den ihr Hund zerstört hatte. Brillen, Fernbedienungen, iPhones, Bargeld (gewöhnlich größere Mengen davon), Autoschlüssel, usw. Wenn etwas davon auch noch operativ entfernt werden musste, machte es den Verlust nur noch schlimmer. Labradore sind geradezu notorische Verschlucker von allem, was sie ins Maul nehmen (und als echte Retriever nehmen sie *alles* ins Maul, was nicht angewachsen ist). Die moderne Medizin hat bis heute keine Erklärung dafür, was einen Hund antreibt, einen Gegenstand anzusehen und sich zu sagen: „Mhhmm, das Messer sieht aber gut aus. Ich denke, ich werde es verschlucken." Einmal war ich auf einem Abendessen eingeladen, auf dem auch mehrere Tierärzte waren. Im Laufe des Abends erreichten sie den Punkt, an dem andere Leute einander fragen: „Habt ihr in letzter Zeit irgendwelche guten Filme gesehen?", nur klang es bei den Tierärzten so: „Was für seltsame Sachen haben denn eure Patienten in der letzten Woche verschluckt?" Von Gummienten, Golfbällen, Kieselsteinen, Schmuck und Angelhaken war die Rede, und gerade dann, wenn der jeweilige Tierarzt dachte, jetzt habe er wirklich alles gesehen, kam ein Hund und schaffte es, alles Bisherige noch zu übertreffen, in dem er zum Beispiel einen kompletten Fußball (ohne Luft) runterschluckte.

Amali fraß Hundeleinen. Wenn ich auch ihr unterstellen wollte, eine Zen-Botschafterin zu sein, dann war sie offensichtlich gegen Leinen/Anleinen/Gebunden sein. Nur dies konnte der Grund dafür sein, warum sie sie Stück für Stück zu vernichteten trachtete. Ich muss dazu sagen: So, wie manche Frauen Schuhe lieben, liebe ich schöne Hundeleinen. Ich habe davon so viele wie Paris Hilton Handtaschen, in jeder Dicke, Länge, Farbe, mit Beschlägen und ohne, in jeder erdenklichen Ausführung. Amali bevorzugte edles Leder, zerlegte meine schönsten Leinen in drei Teile, bis ich nur noch einfache, billige Fettlederleinen benutzte und die anderen wegräumte. Offenbar spielte der Preis für Amali keine Rolle, sie zerkaute auch diese. Sie zerkaute die Leinen, wenn sie kurz im Auto warten musste, wenn ich sie kurz irgendwo anbinden musste, oder wenn ich die Leinen leichtsinnigerweise auf irgendeinem Tisch liegen ließ. Natürlich wusste ich, was für eine Lektion sie mir mitgeben wollte: Wen man liebt, den muss man freigeben. Ich ignorierte die Leinengesetze Berlins ja sowieso die meiste Zeit, aber mit sieben Hunden vollständig auf Leinen zu verzichten, war schlicht nicht möglich.

Aber das war nicht der Grund, weshalb ich das Handtuch warf und nach Bayern zog, wo es keine Leinengesetze und Hundeverordnungen gab.

47

Irgendwann hatte ich einfach genug von den moralischen Nervensägen und Unrechtsbeauftragten in meinem Berliner Hinterland. Ich fühlte mich, als würde ich mich mit jedem Hundespaziergang auf einen Spießrutenlauf begeben, voller Angst, dass ich mit meinen Hunden schon wieder den Unmut eines Mitbürgers auf mich ziehen würde, der sich dann mit ungeheurer Wut über mich entlud. Die Berliner Morgenpost warb eine Weile mit einem Plakat, auf dem eine junge Kellnerin mit einem Tablett und schmutzigen Gläsern darauf zu sehen war, auf deren T-Shirt stand: „Trinkgeld oder Schnauze". Darüber stand: „Berlin ist, wenn es härter gesagt wird, als es gemeint ist."

Ich bin mir nicht so sicher, dass das so stimmt. In den zehn Jahren, in denen ich es mit Berlin versucht habe, bin ich zu der Überzeugung gelangt, dass der Berliner es genauso hart meint, wie er es sagt, und dann vom Gegenüber erwartet, ihn vom Gegenteil zu überzeugen. Das ist auf Dauer anstrengend für das Gegenüber, vor allem, wenn man, wie ich, aufgrund meiner auffälligen Hundebegleitung a) nicht zu übersehen ist und sich b) aufgrund der Auswahl besagter Hunde in den Augen der Landbevölkerung offensichtlich für etwas Besseres hielt. Und dann auch noch so viele? Damit machte ich mich von vorneherein verdächtig, und mit meiner Freundlichkeit und meinem „Grüß-Zwang" fiel ich sowieso ständig unangenehm auf. Dann erschien in unserem bis dato friedlichen Wald ein selbsternannter Forstmann. Großgewachsen und grün gekleidet, marschierte er mit einem ganz jungen Gebirgsschweißhund im Wald auf und ab und schrie alle Leute an, die ihre Hunde ohne Leine laufen ließen. Er sei Jagdpächter, schrie er, und ließ auf alle Leute irgendwelche Paragraphen niederprasseln. Er war in der Tat Jagdpächter, aber nicht in diesem Revier. Ich begegnete ihm zuerst auf der riesengroßen Wiese unterhalb unseres Parks, als Nano in jugendlichem Überschwang versuchte, mit dem noch viel zu kleinen Gebirgsschweißhund zu spielen. Ich raste heran, aber bevor ich überhaupt eingreifen konnte, schrie der Mann mich mit gefletschten Zähnen an: „Was fällt Ihnen ein, Ihren Hund hier frei laufen zu lassen? Hier herrscht Leinenzwang! Das ist verboten, was Sie hier machen!" Ich war vollkommen konsterniert über seine unglaubliche Aggression. Sein dreijähriger Enkel drängte sich bleich an die Ehefrau des Mannes, der GBS-Welpe schlotterte, aber nicht wegen Nano. „Bitte schreien Sie mich nicht so an", bat ich. „Ich schreie, so viel ich will, so lange Sie hier die Vorschriften missachten! Ich werde sie anzeigen!" „Aber Sie lassen Ihren Hund ja auch frei laufen. Ich habe die Erlaubnis des Försters, es geht Sie doch überhaupt nichts an, ob meine Hunde frei laufen." „Und ob mich das etwas angeht!" schrie er und versuchte, jedem seiner Worte Nachdruck zu verleihen, indem er mit dem Zeigefinger Stechbewegungen in meine Richtung machte. „Ich darf das! Ich bin Jagdpächter! Ich habe den Jagdschein!" „Aber in diesem Revier sind Sie nicht der Jagdaufsichtsbeamte", sagte ich. „Sie haben nicht das geringste Recht, sich so aufzuführen." Er schrie und tobte immer weiter, und ich hatte mich mittlerweile so weit gefasst, dass ich überhaupt in der Lage war, den überdrehten Nano von dem überforderten Welpen abzulenken.

Es stellte sich heraus, dass dieser reizende Mitmensch mein Nachbar war. In den kommenden Wochen und Monaten hörte man immer mehr Geschichten, wie er Leute angesprochen hatte, die am Wegrand Blumen gepflückt hatten, dass es laut Paragraph XY verboten sei, Pflanzen aus dem Waldgebiet zu entnehmen (Handsträuße sind dabei erlaubt, ich kenne das Wald- und Forstgesetz nämlich auch sehr genau). Eine alte Dame mit einem noch viel älteren Dobermann, die ich lange Zeit nicht gesehen hatte, erzählte mir eines Morgens, sie traue sich gar nicht mehr in den Wald, da hätte sie ein Jäger neulich so angeschrien, dass sie ihren Hund frei laufen ließe (besagter Hund war fünfzehn, hatte auf allen Füßen Arthrose und bewegte sich im Tempo einer Weinbergschnecke vorwärts – es ging also keine direkte Gefahr für das Wild von ihm aus). Sogar Gustav der Förster sprach mich eines Tages an: Was bei uns denn mittlerweile für komische Leute wohnen würden, der Grünschneider habe sich bei ihm beschwert. Der Grünschneider war ein Mann, der von den gefällten Bäumen die jungen Triebe abschneiden durfte, um sie anschließend an Blumengeschäfte zu verkaufen. Das tat er eines Morgens, als besagter Nachbar mit strengem Gesichtsausdruck auf ihn zutrat und ihn anherrschte, was er mit seinem Wagen im Wald zu schaffen hätte. Der Grünschneider erklärte, er dürfe das, er würde nur Grünzeug abschneiden. „Zeigen Sie mir mal Ihren Erlaubnisschein!" verlangte der selbsternannte Aufsichtsbeamte barsch, und sah seine Stunde gekommen, als sich herausstellte, dass der Erlaubnisschein abgelaufen war (der Förster war ein in vieler Hinsicht genialer Mann, aber Bürokratie gehörte nicht zu seinen Tugenden). Er sei Jagdpächter, teilte er mit, er würde den Grünschneider anzeigen.

Sein eigener Hund durfte selbstverständlich niemals frei laufen. Er erzog ihn nach Ratschlägen eines Ausbilders, der seinerseits offenbar noch aus der Weimarer Republik stammte, mit Härte, Strafen und Unterordnungsübungen, die man ansonsten wahrscheinlich nur noch in Guantanamo anwendete.

Mich schrie er wieder an, als meine Hunde eines Morgens entspannt um die Ecke bogen und er dort mit Hund und Frau stand: „Frau von der Leyen, schon wieder!" schrie er und hackte wie üblich mit dem ausgestreckten Zeigefinger nach, „Ich werde Sie jetzt anzeigen, weil Sie anders ja wohl offensichtlich nicht zur Einsicht kommen!" „Ich komme auch mit Anzeige nicht zur Einsicht", erklärte ich ihm ganz ruhig. „Meine Hunde sind nicht Ihre Angelegenheit. Sie haben hier nichts zu sagen." Meine Hunde waren intensiv damit beschäftigt, die Spuren der vergangen Nacht zu überprüfen und zeigten nicht einmal Interesse, seinen Schweißhund zu begrüßen, der seinerseits wie verrückt an der Leine zog. „Es geht Sie einfach nichts an, was ich mache, solange ich Sie nicht mit meinem Verhalten beeinträchtige. Wenn ich falsch parke, geht das auch nur mich und die Polizei etwas an, nicht Sie." „Und wie mich das etwas angeht!" brüllte er (ich hatte damals noch keine Ahnung, dass er als Zweithobby jeden Falschparker im Gelände aufschrieb und der Hausverwaltung meldete). „Auch Sie müssen sich den Vorschriften beugen!"

„Er fehlt Ihnen sehr, der Abschnittsbevollmächtigte aus DDR-Zeiten, der überall für Ordnung gesorgt hat, stimmt's?" fragte ich freundlich. Er baute sich drohend vor mir auf. „Werden Sie nicht frech!" brüllte er. „Wissen Sie, ich bin nicht halb so übergriffig wie Sie, der durch die Gegend läuft und überall andere Erwachsene maßregelt", erwiderte ich. „Ich finde, wir klären das jetzt. Ich werde jetzt die Polizei anrufen und den Förster, und dann sehen wir, ob es Ihnen gestattet ist, hier Hilfspolizist zu spielen. Laut Paragraph 38 des Landesforstgesetzes geht Sie das nämlich nichts an. Hoffentlich haben Sie viel Zeit."

Es ist ja nicht so, als würde ich meine Paragraphen nicht ebenfalls kennen, wenn's drauf ankommt.

Aber Zeit hatte der Nachbar leider nicht, um die Sache ein für alle Mal zu klären.

Ich hasse solche Auseinandersetzungen. Ich will nur meine Ruhe und meine Hunde ausführen. Und auch wenn ich bei solchen Begegnungen gewöhnlich gelassen und schlagfertig bleibe, gehen sie mir in solcher Wucht durchaus nahe – zumal, wenn sich derlei freifließende Feindseligkeiten häufen und die Freude anderer Leute an meinen schönen, guterzogenen Hunden nicht gleichermaßen geäußert wird, damit ein Gleichgewicht besteht. In keiner einzigen anderen Stadt, in der ich je gelebt hatte, war mir auch nur annähernd Vergleichbares passiert. Was am ärgerlichsten an den Auftritten dieses Nachbarn gewesen war, waren seine Distanzlosigkeit und Frechheit: Niemand hatte ihn behelligt, kein Hund war auch nur in seine Nähe geraten. Es ging nur „ums Recht“ und um das archaische Bedürfnis, sein Terrain zu markieren, ohne Rücksicht, ohne Erbarmen und ohne jedes Bewusstsein für die Welt außerhalb seines Egos und seiner Klugscheißer-Reflexe. Weil er so unglaublich autoritär und cholerisch auftrat, trauten sich die meisten Leute nicht, ihm mit der ihm gebührenden Frechheit zu begegnen.

Nur eine Person schaffte das. In den sechs Jahren, die ich im Berliner Staatsforst wohnte, traf ich immer wieder eine sehr nette Besitzerin einer kleinen, unsicheren Jack-Russell-Hündin. Sie war Lehrerin, echte Berlinerin und sehr lustig im Sinne einer richtigen Zille-Figur. Ihre kleine Hündin besaß gar keine Leine, weil sie immer wie angedockt an Mamas Ferse klebte. Den bösartigen Jägersmann hatte sie noch nie getroffen, aber viel von ihm gehört. Eines Tages dann war es so weit: Sie stapfte mit ihrer Hündin über die Wiese, wo er mit seinem Hund stand und irgendetwas übte. Später begegnete sie ihm wieder, sie hatte die Hündin neben sich am Fahrrad, und als er auf sie zu kam, stieg sie vom Rad ab, ließ die Hündin absitzen und wartete, dass er vorbei ginge mit seinem Hund, der so an der Leine zog, dass er kurz vor dem Kreislaufkollaps zu stehen schien. Als sie gerade wieder aufs Rad steigen wollte, sprach der Nachbar sie erstaunlich zurückhaltend an: „Sagen Sie, darf ich Sie mal fragen, warum Ihr Hund nicht an der Leine ist?“ Die Lehrerin bekam einen solchen Lachanfall, dass sie fast vom Rad fiel. „Hihihihi – ach, *Sie* sind das! Hahahahaha, von Ihnen habe ich schon gehört! Wie wahnsinnig komisch!“ und fuhr ihm gackernd davon.

Tatsache ist, dass mir schon als Kind eingetrichtert wurde, mich nicht an jede kleine Regel zu halten, die irgendeinem Beamten eingefallen war, sondern ihren Sinn und Zweck zu hinterfragen. Ich wusste selbst, in welchen Gegenden meine Hunde gerne ihrem Jagdhobby nachgehen würden, und leinte sie dann an. Aber der aufmerksame Bürger außerhalb von Berlin kann es nicht aushalten, wenn andere sich nicht an Regeln halten, denn wo kämen wir da hin, wenn das alle täten? Nicht einmal an Feiertagen ist der aufrechte Gutbürger geneigt, über die Verfehlungen anderer großzügig hinwegzusehen. An Heilig Abend ging ich kurz vor der Bescherung noch eine Runde mit meinen Hunden durch die Felder, als eine junge Frau mit Mann und ihrer etwa fünfzehnjährigen Tochter auf mich zu kam. „Hallo“, sagte sie mit gezwungener Munterkeit, als wolle sie mir Waschmittel verkaufen, „wissen Sie eigentlich, dass hier Naturschutzgebiet ist?“ Dieses Wort wurde wirklich ausschließlich von Leuten benutzt, die sich höchstens einmal im Jahr in den Wald trauten und Bambi für ein Reh hielten (Sie wissen natürlich, dass Bambi ein Hirschkalb war, denn Bambis Papa hatte ein großes Geweih). „Da täuschen Sie sich“, erwiderte ich, „das Naturschutzgebiet beginnt etwa drei Kilometer von hier westlich. Das hier ist ganz normaler Forst.“ Aus dem Konzept gebracht, wurde ihr Ton nun ein Soupçon schärfer: „Ach, und das ist der Grund, warum Sie die Hunde frei laufen lassen?“ „Ganz genau“, sagte ich und ging zügig an ihr vorbei. „Ihnen auch ein frohes Weihnachten!“ rief sie mir noch nach. Ein Schelm, wer Zickigkeit heraushören wollte.

48

Was Ruhe, Entspanntheit und ausreichend Zeit für die Aufzucht eines jungen Hundes betrifft, zog Barthl zum schlechtmöglichsten Zeitpunkt ein: Nämlich nur drei Wochen, bevor wir von Berlin nach Bayern umziehen wollten, überall riesige Kartonburgen herumstanden und es insgesamt weder ruhig, noch entspannt im Haus war. Ich war im Einpackmodus, nicht im Welpenmodus, und ständig kamen fremde Menschen vorbei, die helfen wollten, etwas vorbeibrachten, etwas abholten. Es half ja nun mal alles nichts: Barthl war da, er war unglaublich niedlich, und ich musste nur darauf achten, ihn nicht versehentlich in einen Karton zu stopfen.

Abgesehen von seiner Abstammung und seiner Beziehung zum Menschen wird der Hund vor allem durch seine Umgebung erheblich beeinflusst. Vielleicht war also der Umzugsstress der Grund dafür, dass Barthl schon früh zeigte, dass er ein direkter Abkömmling des Duracell-Hasen ist. Welpen sollen spielen und herumrennen und dann plötzlich, von einer Sekunde auf die nächste, schlafend zusammenklappen und so laut schnarchen, dass man beim Anblick des hinreißenden Welpen zerschmolz. Nicht so Barthl. Er hatte den ganzen Tag zu tun, rannte hierhin und dorthin, piesackte die anderen Hunde und packte zusammen mit Amali die Hundespielsachen wieder aus den Kartons aus (die Arbeitsteilung der beiden war sehr eindrucksvoll: Er entdeckte durch die Grifföffnungen in den Umzugskartons, wo Spielsachen eingepackt waren und zeigte das an, woraufhin Amali den jeweiligen Karton öffnete und alles wieder herauswarf). Gerade, als es mir endgültig reichte und ich einen großen Teil der Spielsachen im Müll entsorgte, kam eine wohlmeinende Freundin und brachte einen ganzen Sack voll frisch gewaschener Plüschtiere mit, die sie auf irgendeinem Flohmarkt erstanden hatte. Was für ein netter Gedanke.

49

Wir zogen ans Ende der Welt.

Das Haus, das unser Zuhause werden sollte, liegt mitten in der schönsten bayrischen Landschaft, die man sich vorstellen kann. Es ist einer von vier Höfen, der letzte an einem Abhang, der über Wiesen, Felder und Wälder blickt. Von dem sehr großen Garten aus kann man drei Kirchtürme in der Ferne sehen. Vielleicht werde ich auf meine alten Tage nun doch noch fromm.

Die anderen drei Höfe werden alle bewirtschaftet. Bullen, Rinder, Mutterkühe, Kälber und Hühner gibt es, drei Kaltblüter, die aussehen wie Pipi Langstrumpfs „Kleiner Onkel", nur mit Figurproblemen, und ein Pony. Und zahllose Katzen natürlich: Tiere gab es zur Genüge. Meine Nachbarn (die praktischerweise alle Josef heißen, also Sepp, was für mich wirklich ideal ist, weil ich mir nur noch wenig merken kann, Namen schon gar nicht – ich bin froh, wenn mir morgens nach dem Aufstehen noch einfällt, wie ich selber heiße) wunderten sich ein bisschen, wozu man so viele Hunde hielt, aber da sie selber Tiere ausschließlich in zweistelligen Zahlen hielten, wunderten sie sich eher über die Hunde*art*. Die Festplatte meines Gehirns – wahrscheinlich von vorneherein nicht sehr belastbar – ist einfach voll. Darauf gespeichert sind zahllose Gedichte aus Kindertagen, die kompletten Texte der „Ärzte" vor 1989, genügend Werbe-Jingles aus den Siebzigerjahren („Aber, aber – wer wird denn gleich in die Luft gehen?" zum Beispiel, oder „Camelia gibt allen Frauen/Sicherheit und Selbstvertrauen") und ähnliche Sinnlosigkeiten, die mich ins Grab begleiten werden, mir in diesem Millennium aber kein bisschen weiterhelfen. Die Namen meiner Freunde kann ich mir dagegen nur unter Anstrengung merken.

Und es gibt unglaublich viel Wild. Ich kam mir vor, als wäre ich in einen Streichelzoo gezogen, als würden sich in dem Augenblick, in dem ich mit den Hunden das Haus verließ, alle Rehe der Umgebung auf geheimnisvolle Weise verabreden und auf uns zulaufen. Das ist natürlich schön und sorgt für buchstäblich atemberaubende Momente in der freien Natur, ganz abgesehen von dem Panorama, das sich bietet, wenn man am späten Nachmittag im Garten steht und gedankenvoll in die Ferne blickt. Wenn man allerdings mit sechs Windhunden unterwegs ist, entspricht es nicht ganz dem, was man sich als optimale Lebenssituation vorgestellt hat. Will heißen: Hätte ich einen Wunsch frei, würde ich mir wohl nicht wünschen, mit fünfeinhalb jagdlich motivierten Hunden in einem Wildgehege zu wohnen.

An unserem ersten Sonntag im neuen Zuhause machte ich mich friedlich auf meinen Morgenspaziergang. Die Luft war weich, der Himmel leuchtete in diesem speziellen, bayrischen Blau, und ich stapfte mit meinen Hunden über einen Sandweg am Rande einer Wiese.

Innerhalb der ersten halben Stunde begegneten uns insgesamt achtzehn Rehe. Den Windspielen war das egal, das Gras war so hoch, dass sie sie kaum mehr als schemenhaft wahrgenommen hatten, Pixel seinerseits hat so viel Jagdtrieb wie ein Topflappen, aber im Fall von Nano, Amali und Gretel ist die Lage etwas anders. Ich ließ alle Hunde „hinter mir“ gehen, denn das beruhigt sie normalerweise wieder – sie müssen buchstäblich „folgen“. Ich hatte allerdings außer Acht gelassen, dass die Rehe offenbar der Meinung waren, wir hätten hinten keine Augen, also könnten sie dort tun, was sie wollten, ohne dass das jemand bemerken würde.

Gretel bemerkte das aber durchaus, vergaß ihre fabelhafte Erziehung und schoss davon. Mit einer Gefahr für das Reh rechnete ich nicht, weil das Gras wirklich so hoch war, dass Gretel in ihrem Lauf stark eingeschränkt war, aber ich ärgerte mich trotzdem, weil ich aufregende Spaziergänge hasse.

Im Grunde erziehe ich meine Hunde nur deshalb, weil ich meine Ruhe haben will. Weil ich meine Ruhe brauche, um schreiben zu können. Das Leben eines Schreibers ist nicht so leicht, wie man denkt. Nichtschreiber glauben, man führe ein unglaublich luxuriöses Leben, weil man zu Hause arbeitet, weil man im Garten herumpritscheln kann, wenn man gerade eine Pause braucht, und den Rest der Zeit schreibt man halt, was einem gerade so einfällt. So funktioniert das aber nicht: Es ist nicht so, als würde man sich hinsetzen, einen Hebel umlegen und losschreiben. Manchmal findet man den Hebel einfach nicht. Manchmal kann man nicht schreiben. Schreiben macht einen wahnsinnig. Man gewöhnt sich seltsame Schlafgewohnheiten an, man ist extrem empfindlich, was Gerüche oder Geräusche angeht. Man isst manchmal 30 Tage hintereinander nur Popcorn, und die nächsten 30 Tage nur Choco-Crossies, und dann nur Karotten, und dann nichts als Vanillequark. Wenn man im Haus herumläuft und vor sich hinstarrt, starrt man nicht einfach so vor sich hin, sondern versucht, Absätze aneinanderzureihen oder Texte zu kürzen oder herauszufinden, ob die Geschichte, die einem im Kopf herumgeht, es wirklich wert ist, aufgeschrieben zu werden. Wenn einen in solchen Momenten jemand anspricht, ist alles weg, alles aus. Das macht einen nicht gerade zu einer idealen Kandidatin für ausgewogene Beziehungen. Deshalb wahrscheinlich leben die einzigen Männer, die für mich für eine Beziehung infrage kommen, mindestens 5 000 Kilometer entfernt. Beziehungen können für mich nur dann funktionieren, wenn ich an einem anderen Ort bin, einer anderen Zeitzone, einem anderen Planeten. Wahrscheinlich lebe ich deshalb auch so gerne mit Hunden zusammen: Sie sprechen einen nie im falschen Moment an. Sie mögen sich im falschen Augenblick auf dem Teppich übergeben, aber das kann man auch entfernen, ohne den kreisenden Gedanken im Kopf zu verlieren.

Aber ich lenke ab. Gretel war weg, und ich war wütend. Ich marschierte weiter, versuchte, die anderen Hunde wieder zu beruhigen, was in Anbetracht der Wildsituation nicht einfach war. Da tuckerte ein roter Traktor heran, ein Vintage-Modell von ca. 1968. „Is' Eahna a Hund abgängig?“ fragte der sehr gutgelaunt aussehende Bauer, der am Steuer saß. „Ja“, sagte ich. „Wir sind so vielen Rehen begegnet, dass sie jetzt ihre Selbstbeherrschung verloren hat. Ich will sie jetzt auch eine Weile lang lieber nicht sehen. Die kommt dann schon.“ „Find' die aloa hoam?“ fragte der Bauer besorgt. Ich versicherte ihm, dass ich größtes Zutrauen in die Navigationsfähigkeiten meiner Hunde hatte. „Naja“, sagt er grinsend, „a bisserl Schwund is' eh' immer“, und fuhr seiner Wege.

Dabei hatte ich innerlich schon den Kopf eingezogen und mich wenigstens auf einen strengen Blick gefasst gemacht. Auf den nächsten 500 Metern begegneten uns zwei ausgewachsene Hasen und drei weitere Rehe. Nano, Amali und Harry hatte ich mittlerweile angeleint, weil ich keine Risiken mehr eingehen wollte und – obwohl ich einen wirklich starken Willen habe, der im Zweifelsfall Berge versetzen kann – meiner schieren Willenskraft nicht ausreichend traute, mit der ich meine Hunde in meiner Nähe behalten wollte. Wir liefen durch ein malerisches Waldstückchen, ich reduzierte mein Tempo gewaltig, um den Vorwärtsdrang meiner Hunde zu drosseln, blieb immer wieder stehen, um wieder Ruhe in die Gruppe zu bekommen, und langsam ließ bei allen beteiligten die Schnappatmung nach. Wir liefen eine kleine Anhöhe hinauf und traten auf eine große Wiese, dahinter Felder und helle Luft. Rechts vor uns lag ein hübscher Bauernhof mit vielen Rosenbüschen und einem Kuhstall daneben, und als wir gerade darauf zu gingen, sprang 50 Zentimeter neben mir eine Katze aus dem hohen Gras und rannte auf den Hof zu.

Amali warf sich kreischend in die Leine, Nano versuchte seinerseits loszurennen, der eine links von mir der andere rechts von mir, Harry und Fritz dazwischen, und wickelten mich mit ihren Leinen so ein, dass ich wie eine betrunkene Kohlroulade einfach umfiel. Padautz ins Gras, dabei noch halb auf Nano drauf, der mich so umwickelt hatte, dass er nun einen Platzangstanfall bekam und sich aufführte, als sei er eine Gazelle, die von einem Krokodil angefallen wurde (wobei ich die Rolle des Krokodils hatte). Als ich es irgendwie schaffte, wieder aufzustehen, komplett eingeschnürt in die Leinen meiner hysterischen Hunde, sah ich 30 Meter vor mir den Bauern stehen, der mich mit offenem Mund anstarrte.

Was für eine Art, sich in der Nachbarschaft einzuführen: Man könnte glatt meinen, stille Auftritte seien unsere Sache nicht.

50

Good news travel fast, auf dem Land sowieso, wo jeder innerhalb kürzester Zeit alles weiß. So viel passiert hier ja auch nicht, und dass eine Frau mit sieben Hunden praktisch alleine in ein großes Haus mit einem noch viel größeren Garten einzieht, noch dazu mit einem Berliner Autokennzeichen, verbreitete sich sehr schnell. Auf den umliegenden (wenn auch kilometerweit voneinander entfernten) Höfen leben alle schon seit immer; sie kennen einander seit ihrer Geburt, und wenn sie einen nicht ganz so lange kennen, ist der immerhin angeheiratet. Das kann man sich nur schwer vorstellen, wenn man in einer Stadt gewohnt hat, oder immer umgezogen ist, wenn einem etwas nicht mehr gefallen hat, oder das Wetter woanders besser zu sein schien: Hier traf ich auf Verwurzelungen, von denen ich bisher nur gehört hatte. Keine Frage, dass niemand hier seinen Hof einfach verkaufen könnte (ein echter Bauer verkauft nicht einmal ein Stück Wiese, wenn es nicht um Leben und Tod geht): Es geht dem Bauern nicht nur um das Haus, in dem er aufgewachsen ist. Nicht nur um die Tiere, für die er sorgen muss („denn geht es den Tieren nicht gut, haben wir ein Problem"). Nicht nur um den Grund, um den er sich viel besser kümmert als um sein Wohnzimmer (tatsächlich gibt es Höfe, deren Wohnhäuser ich mich nicht zu betreten trauen würde, aus Angst, mir fiele ein Balken auf den Kopf – aber die Ställe sind hell, sauber und komfortabel, die Luft darin gut, das Stroh frisch und weich). Und nicht nur um das Erbe, das er tragen will und muss, denn die Höfe sind seit vielen, vielen Generationen, oft Jahrhunderten in der Familie – soll er derjenige sein, der das Ganze nicht mehr schafft?

Es hat vielmehr mit Identifikation zu tun und dem völligen Unvermögen, sich irgendeine andere Lebensweise auch nur vorstellen zu können.

51

Am fünften Tag nach unserem Einzug stand eine Kuh in unserem Garten. Meine Hunde gebärdeten sich, als wäre ihnen der Leibhaftige erschienen – hatten wir uns irgendwann an die Rehe vor unserer Haustür gewöhnt, wirkte so eine fremde Kuh zwischen den Hortensien doch recht fremd und sehr groß. Harry, Fritz, Gretel und Amali tobten, Barthl bellte etwas ziellos mit, hielt sich aber zurück, weil er nicht wirklich nachvollziehen konnte, worum es eigentlich ging. Nano dagegen saß kerzengerade hinter dem einen, bereits aufgebauten Stück Zaun wie im Parkett des Schauspielhauses und folgte ruhig und konzentriert den Geschehnissen, die sich ihm boten. Nach einer Weile tauchte nämlich keuchend eine kleine, rundliche Frau auf, der die Kuh offensichtlich gehörte. Sie war sehr aufgeregt, was kein Wunder war, denn die Kuh trug kein Halfter und schien auch sonst nicht sehr kooperativ. Leider übertrug sich die Anspannung ihrer Besitzerin nun auf die Kuh, die bis dahin eigentlich ganz entspannt gewirkt hatte. Sie wollte eben auch mal was erleben. Die Bäuerin haute der Kuh auf ihr knochiges Hinterteil, womit diese ganz offensichtlich nicht einverstanden war, denn sie rannte geradewegs auf meine Terrasse zu. Dies wiederum fand Barthl unzumutbar, der sich unter einen Gartenstuhl verzog und von dort in Sicherheit mit Todesmut und Empörung die Kuh ankläffte. Die Bäuerin raste hinter der Kuh her, die einen Moment zu überlegen schien, ob ein Ausflug in meine Küche eine interessante Option sein könne, als der dazugehörige Bauer um die Ecke bog. „Siegstas, da kommt's Herrli!" schnaufte die Bäuerin. Der Bauer und sein Sohn wirkten deutlich ruhiger. Das

„Herrli" flötete tatsächlich „Kuuuutschikutschikutschi!", woraufhin sich die Kuh sogar umdrehte. Irgendwie war ihr die ganze Aufregung langsam auch zu viel, und sie lief ihrem Herrli sozusagen in die Arme – bloß kam dann wieder die Bäuerin und haute ihr wieder auf die Flanke, woraufhin die Kuh wieder auf meine Terrasse rannte. Blöderweise musste ich leider lachen, womit ich mich bei der Bäuerin nicht besonders beliebt machte – aber es sah auch alles zu absurd aus, die hochrote Bäuerin, die aufgeregte Kuh, der Bauer, der immer noch „kuuutschikutschikutschi" flötete, als würde er nach seinen Hühnern rufen. Irgendwann ging die Kuh dann doch erschöpft mit ihren Besitzern mit. Etwas später sah ich sie dann aber doch wieder in schwungvollem Trab alleine über die große Wiese gegenüber traben – ohne Begleitung. Ganz offensichtlich hatte sie noch irgendwo irgendetwas vor.

52

Ich hatte unterschätzt, wie aufregend dieser Umzug für meine Hunde war. Für sie alle mit Ausnahme von Harry und Fritz war dies der erste große Umzug. Weil sie allesamt alte Reise-Hasen waren, hatte ich gar nicht erwartet, dass dies nun mit soviel Überspannung wahrgenommen würde.

Aber natürlich merkten sie, dass wir hier an einem Point of no Return waren. Sie kannten das Haus nicht, aber überall waren unsere Sachen; draußen war alles anders, das Gelände war so riesig groß, direkt neben uns weideten drei gewaltige Noriker, und ununterbrochen kam Besuch. Ständig wurde etwas gebracht, etwas abgeholt, etwas montiert, verschraubt, gesägt oder betoniert. Zur Ruhe zu kommen war in dieser Zeit nicht leicht.

Dementsprechend erlaubte ich meinen Hunden wenigstens nachts, ganz in meiner Nähe zu bleiben. Normalerweise schlafen sie verteilt: Nano und Gretel in ihren Hundebetten im Schlafzimmer, die anderen in ihren Betten im Flur oder im Arbeitszimmer. Harry schläft seit seiner schwierigen Kindheit im Bett, aber er kommt immer etwas später. Ich weiß nicht, wieso; es ist ja nicht so, als käme er aus einer Bar zurück. Es ist einfach Teil seiner Routine, in einem Korb im Flur einzuschlafen und just in dem Moment, wenn ich gerade eingeschlafen bin, aufzuwachen und an der Schlafzimmertür Einlass zu begehren. Dann springt er aufs Bett, will unter die Decke, rollt sich an meinem Bauch ein und schläft ein. Für ihn ist das ja auch kein Problem, er muss ja morgens nicht aufstehen und sinnvolle Sätze aneinander reihen.

Ich habe ein sehr großes Bett, in dem viel Platz ist, jedenfalls unter normalen Umständen. Nach dem Umzug erlaubte ich allen Hunden, in meinem *Schlafzimmer* zu schlafen, aber irgendwie kam es zu Missverständnissen. Mitten in der Nacht wachte ich auf, weil Amali jammerte. Ihr war kalt, sie wollte auch ins Bett, wo, wie ich feststellte, mittlerweile weitere Hunde lagen. Amali hätte auch still und leise aufs Bett springen können, wie die anderen vor ihr, aber sie schien dies für unter ihrer Würde zu betrachten. Außerdem wäre sie wahrscheinlich auf einen der anderen Hunde getreten, die wahllos verstreut im Bett lagen, die nicht gut reagiert hätten, wenn sie auf ihnen gelandet wäre. Die anderen Hunde waren deutlich weniger tolerant als ich. Nachdem Amali sich erst einmal im Bett eingerichtet hatte, musste ich mich mit ganz anderen Problemen auseinandersetzen: Problemen strategischer Natur. Nano teilte sich mit mir das Kopfkissen, Barthl lag auf der anderen Seite meines Kopfs, Fritz bestand darauf, seinen Kopf auf meinem Oberkörper abzulegen, Harry an meinem Bauch und Gretel in meinen Kniekehlen. Sich umzudrehen war völlig unmöglich. Es gab auch nicht die geringste Möglichkeit, sich auszustrecken, um am nächsten Morgen mit entspannter Muskulatur aufzustehen und sein Tagwerk begehen zu können. Eine Möglichkeit wäre gewesen, in der Embryonalstellung zu schlafen, die normalerweise eine gute Idee ist für ungeborene Kinder, die nämlich nicht am nächsten Morgen aufstehen und arbeiten müssen. Außerdem schnarchte Harry, und Amali grunzte immer wieder unüberhörbar vor Zufriedenheit, im warmen, gemütlichen Bett schlafen zu dürfen. Irgendjemand knurrte im Schlaf, dann kratzte sich einer oder gähnte vernehmlich. Fritz träumte und rannte im Schlaf, was meinem ruhigen Schlaf auch nicht zuträglich war. Es war wie eine Nacht im Dschungel, nur mit Fernsehen und fließend Wasser. In der ersten Nacht stellte ich mir vor, ich wäre auf einem Camping-Trip und müsse in einem Zelt in der Natur schlafen (eine Art des Verreisens, die ich immer gehasst und abgelehnt hatte: Warum hätte ich dies nun in meinem eigenen Schlafzimmer tun sollen?).

Als ich vor vielen, vielen Jahren noch in New York lebte, gefiel ich mir in der Rolle des toughen Großstadtmädchens, das in der Lage war, sich mit allen Problemen zu arrangieren, die das Großstadtleben barg. Zum Beispiel war es nachts immer wahnsinnig laut, Menschen schrien oder lachten, Polizeisirenen heulten, Klimaanlagen ratterten, man hörte Schüsse und Autoalarmanlagen. Aber wenn man ein toughes Großstadtmädchen wie ich war, hatte man gelernt, sich an diese Geräusche anzupassen. Man verschlief sie entweder, oder man öffnete sein Fester und schrie irgendwelche Profanitäten hinaus. Wenn die Leute draußen damit fertig waren, zurückzuschreien und schreckliche Dinge über meine Mutter zu sagen (die sie natürlich nicht kannten), dann schlief man ohne Probleme ein. So machen wir toughe Großstadtmädchen das eben; und wir akzeptieren das alles als Naturordnung des Lebens.

Aber ich möchte mal sehen, ob irgendeine toughe Großstadtperson eine Nacht an meiner Stelle durchschlafen würde. Verglichen mit dem, was ich in diesen ersten Nächten in unserem neuen Haus durchmachte, waren die Nächte in New York wie Schlafengehen in der Kammer des Schweigens.

In der zweiten Nacht überlegte ich mir allen Ernstes, ob ich mich zu Pixel legen sollte, der bequem ausgestreckt in einem großen lila Samthundebett lag, ganz allein und gemütlich.

Stattdessen zog ich in der dritten Nacht auf das Sofa im Wohnzimmer. Fragen Sie nicht. Ich war müde.

53

Die Stille auf dem Land ist legendär. Und sie ist ein Märchen. Das ist auch der Grund, warum man immer wieder Geschichten hört, bei denen Städter voller Euphorie aufs Land ziehen und dann den Bauern verklagen, weil sein Hahn kräht. In Wirklichkeit ist es *nie* still auf dem Land. Höchstens vielleicht Sonntagmorgens um viertel nach sieben – außer während der Erntezeit, oder während der Mahd, oder wenn Regen angesagt und die Felder geodelt werden müssen. Nur an ganz hohen Feiertagen wie Heilig Abend ist es vormittags still, und am späten Nachmittag wieder. An allen anderen Tagen begleitet einen ganzjährig das Geräusch von Motorsägen, Rasenmäher und Trecker, den Lieblingsgeräten aller Landmenschen. Wenn man früh genug aufsteht, kann man Momente der Stille erleben, aber es sind, wie gesagt, nur Momente und sehr, sehr flüchtig. Während der Nacht ist es nur der Waldkauz, an den man sich gewöhnen muss: Neben dem bekannten, irgendwie romantischen „Huhuuuu" macht er noch ein anderes, deutlich schrilleres Geräusch, eine Art „Kiwitt! Kiwitt!", weshalb man ihm jahrhundertelang unterstellte, er sei der „Todesvogel", der die Kranken mit „Komm mit! Komm mit!" in die kalte Nacht lockte. Im Frühjahr kreischen die Katzen, weil sie sich kloppen, oder beinahe kloppen, oder weil sie einander erobern oder vertreiben wollen. Je nach Toleranzschwelle bringt dies die Hunde gewöhnlich zu Tobsuchtsanfällen, denn Katzen finden sie sowieso blöd – zumal fast jeder Hund irgendwann von einer Bauernkatze furchtbar vermöbelt wird –, und dann auch noch nachts! In dieser Lautstärke! Und ganz offensichtlich braucht die Welt ihre Unterstützung gegen diese Störenfriede! Gleich darauf, gegen vier geht es los mit Vogelgezwitscher. Ganz vereinzelt melden sich zarte Stimmchen in der Morgendämmerung, immer in der gleichen Reihenfolge, je nach Grad der Helligkeit: Erst der Rotschwanz, dann die Amsel, dann die Rotkehlchen, die Meisen, dann der Kuckuck, der Zaunkönig, der Buchfink und der Zilpzalp, der Kernbeißer, der Girlitz und der Star. Gegen fünf schwillt das Ganze zu einem ohrenbetäubenden Konzert an, und wer das nicht gewohnt ist, sitzt kerzengerade im Bett und wünscht sich wahlweise Ohropax oder Böller. Unerfahrene Stadthunde nehmen diesen Weckruf sehr ernst und hopsen begeistert um das Bett des todmüden Besitzers herum, weil sie die Vogelstimmen für den Ruf der Wildnis nach Action und Abenteuer halten.

Gegen sieben Uhr haben die Vögel bei der Begrüßung des neuen Tages ihr Pulver erst einmal verschossen und es wird für kurze Zeit etwas stiller: Unter einem großen Horizont kann man am Himmel an den Wolken erkennen, wie der Tag wird, ein sanfter Wind geht, irgendwo muht eine Kuh oder wiehert ein Pferd, das auf die Weide gebracht werden möchte – und kaum ist dies geschehen, tönt der erste Trecker, der den Rindern Heu bringt oder gleich danach stundenlang den Mist umschichtet, oder zum Heuwenden fährt, oder irgendeine andere Arbeit verrichten muss, zu der man den Trecker braucht. Einen Bauern ohne Trecker gibt es nicht. Er würde, wenn er könnte, auch mit dem Trecker zum Einkaufen fahren. Die Vorstufe zum Trecker sind die kleinen Rasentraktoren, die zum Üben von den Söhnen der Höfe gefahren werden: Runde um Runde, begeistert mit roten Wangen mähen sie akkurate Muster in die großen Wiesenflächen, für die man mit einem Handmäher natürlich Tage brauchen würde – um dann gleich wieder von vorne anfangen zu müssen. Könnte man mit einem treckerähnlichen Gerät sein Zimmer auf- oder die Spülmaschine ausräumen, würde keine Mutter der Welt ihren Sohn mehr als einmal anblinzeln müssen – und die Sache wäre erledigt. Es kann kein Zufall sein, dass man ausschließlich Männer auf diesen Dingern sieht.

Wir haben auch einen. Als ich das erste Mal auf dem Rasenmähertraktor saß, bauten sich alle Nachbar-Sepps am Rande der Wiese mit verschränkten Armen auf und sahen mir zu, während sie fachmännische Hinweise gaben. „Obacht!“ riefen sie, wenn ich rückwärtsfuhr, auch wenn der nächste Apfelbaum noch mindestens fünf Meter entfernt war (dass ich seit über dreißig Jahren einen Führerschein habe und unfallfrei bin, machte keinen Eindruck auf sie – ein Rasenmäher mit 8 km/h ist einfach etwas *völlig* anderes). Sie hatten wirklich viele großartige Ratschläge parat, die sicherlich alle auf Erfahrungswerten beruhten, die mir noch fehlten – aber leider braucht man zum Rasenmähen beide Hände, deshalb konnte ich die vielen Tipps nicht mitschreiben. Hätte ich sonst natürlich zu gerne getan, wer verzichtet schon gerne auf wertvolle Bauernweisheiten.

Aber wenn wir zum Mittagessen oder zum Tee einladen, gilt es, das kleine rote Ding gut wegzuschließen, sonst hat man von den männlichen Gästen überhaupt nichts: Sie flitzen oder cruisen mit seligem Lächeln über den Rasen, taub und nicht mehr ansprechbar. Harry, der immer sehr darauf achtet, dass die Form gewahrt wird, rast kreischend neben dem Trecker her oder umkreist ihn mit der Absicht, ihn zu stoppen, aber der jeweilige Fahrer sieht sein Bemühen eher als Applaus an. Einmal wollte ein Freund Harry ausweichen und fuhr mit dem Rasentrecker die Böschung hinunter – und kam nicht mehr hinauf. Also mussten wir einen der Nachbar-Sepps bitten, den kleinen mit dem großen Trecker und einer Kette wieder hochzuziehen. Der Höhepunkt des Tages war es für die Männer, als Sepp hinten an den Trecker einen gewaltigen Betonklotz hängte, um mit genügend Gewicht am anderen Ende des Traktors (oder „Bulldogs“, wie man in Bayern sagt) das Durchdrehen der Räder zu verhindern.

Wir hätten die Männer und anwesenden Jungs nicht glücklicher machen können, wenn ihnen eine Wunschfee erschienen wäre: Über diese Party wurde noch Jahre später gesprochen, so gelungen sei sie gewesen.

54

Nach sechs Wochen hatten die Hunde sich eingelebt und vergessen, dass sie je über die Auguststraße in Berlin-Mitte flaniert waren, Buchläden besucht und in Modegeschäften gestöbert hatten. Sie benahmen sich, als hätten sie Bayern gekauft und bewegten sich mit der Lässigkeit erfahrener Hofhunde. Die Bauernkatzen waren groß und wehrhaft, sodass meine Hunde bald auf nähere Bekanntschaft mit ihnen verzichteten, und selbst Harry, der aufgrund seiner etwas nervösen Konstitution dazu neigte, alles anzukreischen, was ihm nicht geheuer war, überlegte sich beim Anblick der 1,5 Tonnen schweren Zuchtbullen im Laufstall des Nachbarn, dass er vielleicht doch einfach mal die Klappe halten sollte.

Morgens treffen sich meine Hunde auf der kleinen Straße, die die vier Höfe verbindet, mit den Nachbarhunden. Auf unserem Spazierweg in die Felder kommen wir jeden Morgen an einer großen Koppel vorbei, auf der die drei Kaltblüter stehen und nur darauf warten, sich am Zaun entlang ein kleines Wettrennen mit Gretel und Amali zu liefern. Auf Weiden weiter hinten kamen andauernd Lämmer zur Welt. Die Mütter ließen sich von den Hunden nicht beunruhigen, so lange sie den neugeborenen rabenschwarzen kleinen Schäfchen nicht zu nahe kamen. Die Hunde durften sogar Plazenta fressen, pfui Teufel, aber vielleicht würden sie dadurch ja wenigstens ewig leben?

Ich war so hingerissen von einem speziellen Lämmchen, dass ich allen Ernstes überlegte, ob ich es adoptieren sollte. Waren Schafe nicht herrliche, natürliche Rasenmäher? Hatte mein Onkel mir nicht seit Monaten Schaf- und Ziegen-Zuchtmagazine zugeschickt, weil er fand, ich solle nun endlich meiner eigentlichen Bestimmung nachgeben und als ordentliche Landfrau Schafe oder Ziegen züchten?

„Schafe fressen alles", sagte Sepp, der Besitzer der Schafe. „Auch Blumen. Und dann war die ganze Pflanzerei umsonst." (Auf bayrisch klang das übrigens so: „D'Schaf' fress'n ois. Bleàme aa. Und dann war die gonze Pflanzerei ummasund."

„Schaf' san bläd", sagte Seppe, sein Sohn. „Wenn die an Berg affe genga, blei'ms stekka." (Schafe sind blöd. Wenn die einen Berg hinauf gehen, bleiben sie stecken.)

„Sie bleiben stecken?"

„Ja, die denken nämlich, sie haben sich hingelegt, weil ihre Augen so nah am Boden sind. Und dann können sie nicht aufstehen, weil sie ja schon stehen."

Geh. I glaub', der hot mi dableggt, da Bazi.

55

Barthl wurde erwachsener. Er trägt einen Schnauzbart wie ein Kanalarbeiter – vielleicht ist er dem einen Nachbar-Sepp deshalb so sympathisch, denn der trägt einen ähnlichen.

Barthls dunkelrotes Fell glänzt, solange er sich nicht in irgendwelche Pfützen legt. Dies wurde nun zu seiner großen Vorliebe: Er schwärmt dafür, sich in matschigen, lehmigen Pfützen niederzulassen, und tut dies wie ein Huhn, das sich auf ein Nest setzt. Dann streckt er buchstäblich alle Viere von sich, auch die Hinterbeine klappt er nach Frosch-Manier nach hinten, um so dafür zu sorgen, dass sein gesamter Unterboden gleichmäßig gekühlt wird.

Man sagt kleinen Hunden ja so Einiges nach, und von Großhundebesitzern werden sie gerne mal belächelt. Aufgrund meiner ganz persönlichen Erfahrungen scheint mir allerdings, dass der knapp 30 Zentimeter großer Reservewindhund in vielen Dingen gegenüber den anderen, langbeinigeren Modellen eindeutig im Vorteil ist.

Wer seine Nase selbst im Entspannungszustand nur wenige Zentimeter über der Erde trägt, dem entgeht keine Spur, kein Krümel, kein Mauseköttel. Dementsprechend ist Barthl ständig in von außen unverständlicher, aber offenbar extrem wichtiger Mission unterwegs: Aufgrund seiner Bodennähe scheint er sich auf Spaziergängen geradezu in olfaktorischen Rauschzuständen zu befinden. Kein Hund ist besser über die Geschehnisse in unserer Nachbarschaft informiert als Barthl. Er braucht Ewigkeiten, um ein kurzes Straßenstück zu bewältigen, aber nicht etwa, weil er trödelt, sondern weil er mit ungeheurer Sorgfalt selbst die kleinsten, beiläufigsten Botschaften identifiziert und recherchiert, manchmal bis in fremde Vorgärten hinein. Unter den Seinen ist er ein wahrscheinlich ein gefeierter Klatsch-Journalist, eine Art Baby Schimmerlos der Hundewelt. Meine anderen Hunde sind große Fans seiner Arbeit, verlassen sich völlig auf seine Botschaften, die sie ihrerseits mit nur wenigen, oberflächlichen Markierungsspritzern kommentieren, vergleichbar mit einem mehr oder weniger verbindlichen „Gefällt mir" bei Facebook.

Barthl findet auch alles, was ansatzweise essbar oder vergammelt (im Idealfall: Essbar UND vergammelt) zu sein scheint, bevor ein anderer Hund davon Wind bekommen hat. Manchmal möchte Barthl allerdings durchaus, dass ein anderer Hund bemerkt, in was für einer fantastisch privilegierten Situation er sich befindet. Dann schnüffelt er mit vollem Körpereinsatz an fürs menschliche Auge völlig normal aussehenden Stellen, scharrt und prustet, bis endlich alle anderen Hunde angelaufen kommen und ihm zu seiner phänomenalen Spürnase gratulieren. Das ist dann der Moment, ab dem er extreme Lässigkeit demonstriert, sich nonchalant aufrichtet, lässig das Bein hebt und den anderen Hunde seine sozusagen bereits abgenutzte Entdeckung überlässt. Auch beim Aufspüren von Aas sieht er sich stets als Vorreiter. Selbstlos prüft er dessen Konsistenz, Aroma und Nachhaltigkeit am eigenen Fell, bevor er, einem Boten gleich, den anderen Hunden seinen Halskragen oder die Schulterpartie unter die Nase hält, an denen der Geruch besonders gut haftet, auf dass sie es ihm gleich tun können. Ungefähr so, wie ein Weinkenner einen wirklich lohnenden Tropfen mit engen Freunden teilt – wenn auch vielleicht nicht die ganze Flasche. Vor einer Weile fand er einen toten Maulwurf, den er sich sorgfältig zur Seite legte. Zehn Tage lang überprüfte er ihn jeden Morgen daraufhin, ob er nun reif genug sei – ich fand, dass dieser Zustand längst eingetreten war, denn der Kadaver stank schon von Weitem –, aber nachdem Barthl keine Anstalten machte, sich in dem Maulwurf zu wälzen, mischte ich mich nicht weiter ein. Barthl hatte andere Pläne. Als es soweit war und der Maulwurfkadaver offenbar endlich seinen hohen Ansprüchen genügte, schleppte er ihn in eine Pfütze, um den Maulwurf dort zu marinieren, und legte sich der Einfachheit halber gleich dazu. Auf diese Weise konnte er an dessen Aroma teilhaben, ohne sich aufwändig wälzen zu müssen.

Soll einer behaupten, Hunde könnten nicht ökonomisch denken.

Auseinandersetzungen mit anderen Hunden hat Barthl nie. Das liegt daran, dass ihn die meisten schlecht gelaunten Hunde nicht als ebenbürtigen Gegner wahrnehmen und er außerdem ungleich viel wendiger ist, als die meisten großen Hunde: Im Falle einer drohenden Krise rennt er los und schlägt Haken unter Büschen oder Stuhlbeinen. Wenn ein anderer Hund versucht, ihn aufgrund seines jugendlichen Leichtsinns zu besteigen, läßt er sich fallen, dreht sich auf die Seite und macht ein charmantes Spiel daraus. Der Mensch, der Hund oder das Viehzeug, das Barthl widerstehen kann, muss erst noch geboren werden. Längst hat er alle Bauern um den Finger gewickelt mit seiner nicht endenden Neugier, seinem unverhohlenem Interesse und den irrwitzigen Einfällen. Er ist eine Mischung aus Pumuckl und Rockstar, anders ist seine Anziehung nicht zu erklären.

56

Inzwischen sind meine Hunde alle hoftreu. Wir haben zwar einen Zaun, aber der ist mehr dafür da, die vorbeikommenden Mountainbiker vor Harry und Nano zu schützen, die die „Hoftreue“ sehr wörtlich zu nehmen scheinen. Aber was für einen Unterschied man am südlichen Deutschen zum preußischen Deutschen im Umgang mit Hunden erleben kann: Gerade freuten sich meine Hunde wie verrückt über die Hündin einer Freundin, die zu Besuch kam und die sie lange nicht gesehen hatten. Als die Freude am allergrößten war, kam ein Radfahrer in voller rotschwarzer Montur mit passendem Helm und weißem Bart vorbei. Nano und Harry schnauzten ihn an, ich lief hin, um mich zu entschuldigen: „Ach was, ich habe selber einen Hund, ich weiß, wie das ist“, sagte der Herr. „Ich steige besser mal ab.“

Nachdem ich mit allen Hunden die Grenzen unseres Gartens abgelaufen hatte, kommt keiner von ihnen zu Hause auf die Idee, den Weg hinunterzulaufen und sich nach vorbeischlendernden Rehen umzuschauen. Keiner der Hunde geht weiter als bis zum Ende des Grundstückes auf der einen Seite, wo ein Waldstück beginnt, und bis zum Hof des einen Sepps auf der anderen Seite. Dort sehen sie sich ein bisschen um, fressen ein bisschen Kuhkacke oder Katzenfutter und kommen wieder nach Hause.

Das Niedlichste ist es, wenn Pixel und Barthl sich gemeinsam aufmachen zu einem kleinen Besuch auf dem Nachbarhof. Sie verlassen gemeinsam den Garten, und Barthl hopst kurz hoch an Pixels Schnauze, weil er sich offenbar so freut, dass sie gemeinsam einen

Ausflug machen, ganz privat. Dann schreitet der elegante Pixel zusammen mit seinem kleinen Sidekick mit dem runden Hinterteil durchs Gras um die Ecke. Sie besuchen Arco und Vroni, die Hunde von Sepp. Arco ist ein alter Collie-Mischling, Vroni ein junger Shi-Tzu-Mischling, die gemeinsam über 65 Bullen, drei Kaltblüter, mehrere Katzen und ein Pony zu wachen haben. Vroni trägt eine modische Kurzhaarfrisur und ein Glitzerhalsband – ist ja nicht so, als hätten wir hier, nur weil wir auf dem Land leben, jegliches Modegefühl einfach über Bord geworfen. Das Halsband kommt besonders gut, wenn sie mit ihrem Herrn auf dem Traktor vorbeirauscht und gnädig auf uns herunter sieht. „Travel high, travel fast, and travel in style" ist ihr Motto.

Barthl konnte seit exakt drei Tagen das Bein heben (und hob es noch in der Manier von „Hoch die Tassen!", wobei er beinahe umfiel), da wurde Vroni läufig.

Pixel und Barthl waren nicht mehr zu halten. Sie fanden jedes noch so kleine Loch im Zaun, drückten mühselig montierten Hühnerdraht weg, Pixel sprang aus dem Fenster (und wieder zurück), Barthl wand sich durch die kleinsten Maschen im Zaun zur Sonne, zur Freiheit, zu Vroni. Achtzigmal am Tag stapfte ich zum benachbarten Hof hinüber, um meine Jungs wieder einzusammeln, neunundsiebzigmal entkamen sie wieder. Obwohl man den empörten (kastrierten) Arco von Weitem die aufdringlichen Zugereisten beklagen hörte, ließen Barthl und Pixel sich durch nichts abhalten. Schließlich bekam die arme Vroni Stubenarrest. Pixel blieb in stiller Anbetung vor ihrer Tür in der Sonne liegen, ein Mahnmal der Leidenschaft, und Barthl quiekte in seinem Spezial-Ton, der einem die Ohren klingeln lässt, sein „*Ich will aber*!".

Tatsächlich bemerkte ich einige Male nur deshalb, dass er sich schon wieder auf seinem Anbetungsposten auf dem Nachbarhof befand, weil ich ihn vom Fenster meines Arbeitszimmers aus gellend quieken hörte – obwohl Sepp mir später versicherte, Barthl würde wohl langsam erwachsen, er bekäme eine tiefere Stimme.

Ein einzelner Hund kann erstaunlich viel Krach machen, wenn man versucht, sich zu konzentrieren.

(Ich wüsste gerne, ob man das Ansteigen der Dezibel messen kann, wenn zwei Hunde das Herannahen des Müllwagens beobachten. Selbst der allerkleinste Hund schafft es, mit nur wenig Aufwand die gesamte Nachbarschaft zu der erquicklichen Zeit von sechs Uhr morgens zu wecken, wenn er hinter einem hohen Zaun hochgradig entrüstet feststellen muss, dass ein Lastwagen auftaucht und genau vor seinem Grundstück anhält, um die Mülleimer einzusammeln, in denen bestimmt noch lauter Dinge sind, die man als Hund gut gebrauchen könnte.)

Ein paar Tage später beobachtete ich aus dem Fenster, wie Pixel Sepp bei dessen Tagwerk begleitete und ihm auf Schritt und Tritt hinterher lief. Zum Frühstück erschien er wieder zuHause, und als wir später vom Spaziergang zurückkamen, begegneten wir Sepp, der gerade seine Noriker auf die Weide stellte. Pixel begrüßte ihn überglücklich, als habe er ihn seit Wochen nicht gesehen. „Ist Pixel eigentlich in dich verliebt oder in die Vroni?“ wollte ich wissen. „Ja mei“, sagte der Sepp, „i bin halt sein Schlüssel zum Glück.“

Hundstage

Die Landluft ist keineswegs immer frisch und klar, und auch nicht immer gesund. Wenn in heißer Sommerglut lange Staubfahnen hinter den Traktoren herziehen, liegt Gülledunst in der Luft. Über braungebrannten Wiesen wabert die Glut, als hätte der Sommer die Ewigkeit gepachtet. Das hat er natürlich nicht, ein Blick gen Himmel, und die Wolken erzählen einem, was Sache wird.

Keiner hat für das Wetter mehr Gespür als die Bauern. Sie hängen am 100-jährigen Kalender und seinen Verheißungen und halten ihn für absolut unfehlbar – wenn es ihnen nützlich scheint, tilgen sie ihn allerdings, auch ganz schnell aus ihrem Gedächtnis. Wenn es sein muss, machen die Bauern auch ihre ganz eigene Betriebspolitik, an Wetterkarte, Kalender und Radio vorbei.

Auf den Feldern spritzt und blubbert es braun und stinkend auf graue, sonnenverdorrte Wiesen, hoch oben in der heißen Luft ziehen die Schwalben ihre Bahn. Ich möchte – soll!, wenn man die erwartungsvollen Gesichter der glorreichen Sieben sieht – mit den Hunden spazieren gehen, aber wo nur? Ich lasse sie an der Leine und gehe nach unten zum Weiher. Bloß dort zieht einer der Nachbar-Sepps mit seinem Traktor das Jauchefass über die Wiesen und auf der anderen Seite sein Sohn, der Sebastian. Komisch eigentlich, dass man die schwere Wolke aus Hitze und Gülle, die über der Landschaft liegt, nicht sehen kann.

Wohin nur? Eigentlich sollte ich umdrehen und wieder nach Hause gehen. Wird eh' nix heute Abend, außer, ich möchte meine Nacht damit verbringen, nacheinander alle sieben Hunde zu baden.

Am Waldrand, im feuchten, nach Brack und Faulschlamm stinkenden Bruchwald stürzen sich die Mücken auf uns. Es ist so unglaublich heiß, bleiernen Schritts steige ich den ausgefahrenen Weg nach oben Richtung Haus – und stehe vor einer schwarzen Wand. Dumpfes Grollen ringsum. Bedrohliche Windstöße fahren in die Bäume, zum Haus ist es noch weit – und während ich noch überlege, wohin ich am besten flüchte, fallen die ersten Tropfen. Sie schlagen in den aufgewühlten Staub und bilden kleine Krater, einen neben den anderen, bis der Weg nass ist und sich über dem tiefen, ausgedörrten Staub eine dünne Schmierschicht geschlossen hat.

Nichts auf der Welt riecht so wie der staubige, von heißen Sommerwochen verbrannte Feldweg, wenn sich endlich die Wolken erbarmen und es regnen lassen. Mit jedem Millimeter, die der Regen in die Erde eindringt, entströmen ihr weitere Gerüche. Staub, der im Regen quillt, verbranntes Gras, das sich aus seiner Trockenstarre löst, von Käfern ausgehöhlte Kuhfladen, die jetzt ihr letztes bisschen Ammoniak ausdünsten, und über allem der Geruch nasser Erde. Dieser Geruch und das Fühlen der Regentropfen auf dem durchschwitzten T-Shirt lohnt den ganzen Sommer, lohnt jeden Ärger, den man irgendwann mal hat, lohnt schlechte DSL-Verbindung und wackeliges Telefon. Ich ziehe die Sandalen aus und laufe barfuss los. Aber dann entlädt der Himmel alle über Wochen angestaute Kraft. Der Himmel ist fast schwarz, der Wind reißt Blätter und ganze Zweige aus den Bäumen, Die Hunde kringeln sich eng unter tropfenden Bäumen zusammen, ganz nah aneinander, aber ohne Furcht. Und dann rennen wir doch durch den prasselnden Regen nach Hause, und immer noch riecht es nach warmem feuchtem Staub.

Zu Hause lassen sich die Hunde in die Handtücher wickeln, so froh, endlich wieder im Trockenen zu sein. Einem grellen Blitzschlag folgt dröhnender Donner, und noch ein Schlag und noch einer. Die

Hunde liegen todmüde und zugedeckt in ihren Betten und schnarchen leise. Draußen stürzt das Wasser den Weg herunter, mit Gräsern, Luftblasen und Schlieren aus Staub.

An keinem Ort der Welt wäre ich jetzt lieber.

Service

ZUM WEITERLESEN

Bloch, Günther, Radinger, Elli. H.: **Der Mensch-Hund-Code. Selbstbewusst durch den Dschungel der Hundeszene;** Kosmos

Bloch, Günther, Radinger, Elli. H.: **Wölfisch für Hundehalter: Von Alpha, Dominanz und anderen populären Irrtümern;** Kosmos

Bruns, Sandra, Seidensticker, Anett: **Gassi-Training: Erziehung und Spiele für unterwegs;** Kosmos

Bruns, Sandra: **Das Hundebuch für Kids: verstehen, erziehen, spielen;** Kosmos

Esser, Johanna: **Körpersprache von Hund und Mensch: Mimik, Körperhaltung, Bewegung;** Kosmos

Feddersen-Petersen, Dr. Dorit, U.: **Hundepsychologie. Mit 90 Minuten Hundefilmen auf DVD;** Kosmos

Feddersen-Petersen, Dr. Dorit, U.: **Ausdrucksverhalten beim Hund. Mimik und Körpersprache, Kommunikation und Verständigung;** Kosmos

Fichtlmeier, Anton: **Suchen und Apportieren. Denksport für Hunde;** Kosmos

Handelman, Barbara: **Hundeverhalten: Mimik, Körpersprache und Verständigung, mit über 800 ausdrucksstarken Fotos;** Kosmos

Hoefs, Nicole, Führmann, Petra, Franzke, Iris: **Das Kosmos Erziehungsprogramm für Hunde. Mit Trainingsplan für jede Übung;** Kosmos

Hoefs, Nicole, Führmann, Petra: **Was liest der Hund am Laternenpfahl? 140 Fragen und Antworten rund um den Hund;** Kosmos

Kitchenham, Kate: **Wissen Hunde, dass sie Hunde sind. Wie Hunde denken und fühlen;** Kosmos

Kitchenham, Kate: **Spielekiste für Hunde. 5 Spielzeuge – 50 Spielideen;** Kosmos

Klüglich-Hinrichs, Alina, Ströbele, Sibylle: **Hundesachen einfach selber machen. Die schönsten Ideen aus Stoff und Holz;** Kosmos

Rauth-Widmann, Brigitte: **Die Sinne des Hundes: Wie Hunde ihre Welt wahrnehmen;** Kosmos

von der Leyen Katharina: **Hundeliebe;** teNeues

von der Leyen Katharina: **Dogs in the City. E-Book;** Kosmos

von der Leyen, Katharina: **Der Hund von Welt: Menschen mühelos erziehen. E-Book;** Kosmos

Böhm-Reithmeier, Inga, von der Leyen, Katharina: **Leinen los! Freilauftraining für den Hund;** Gräfe und Unzer

BILDNACHWEIS

Mit 39 Farbfotos von Nicole Munninger (Tafel 3: Mitte; Tafel 4: beide; Tafel 5: beide; Tafel 6: oben; Tafel 8, Tafel 9: unten; Tafel 10: beide; Tafel 11: oben; Tafel 12: oben; Tafel 14; Tafel 15: oben, Tafel 16: Mitte rechts), Frank Zauritz (Tafel 1: oben) und Katharina von der Leyen (restliche Bilder).

IMPRESSUM

Umschlaggestaltung von Frank Niedertubbesing, init Kommunikationsdesign, unter Verwendung einer Farbillustration von Martin Haake.

Mit 39 Farbfotos

FSC
www.fsc.org
MIX
Papier aus verantwortungsvollen Quellen
FSC® C005833

Gedruckt auf chlorfrei gebleichtem Papier

ISBN 978-3-440-14951-5
Redaktion: Ute-Kristin Schmalfuß
Produktion: Eva Schmidt
Druck und Bindung: Těšínská tiskárna
Printed in The Czech Republic / Imprimé en République Tchèque